PROYECTO DISCI-PULADO

LUCAS LEYS
DAVID NOBOA

PROYECTO DISCIPULADO

Lucas Leys
David Noboa

e625.com

PROYECTO DISCIPULADO - MINISTERIO DE NIÑOS
e625 - 2020
Dallas, Texas
e625 ©2020 por **Lucas Leys y David Noboa**

____

Todas las citas bíblicas son de la **Nueva Biblia Viva (NBV)** a menos que se indique lo contrario.

Editado por: **María Gallardo**

Diseño interior y portada: **JuanShimabukuroDesign**

ISBN: 978-1-946707-41-3

IMPRESO EN ESTADOS UNIDOS

CONTENIDO

INTRO

*«El éxito es solamente una consecuencia
de haber desarrollado una disciplina con perseverancia».*
Lucas Leys *(Stamina)*

En la Biblia encontramos la historia de cuando Jesús, luego de la resurrección, tuvo un encuentro con dos de sus discípulos mientras caminaban hacia Emaús, una ciudad ubicada a unos 10 kilómetros de Jerusalén. Según leemos en el relato de Lucas capítulo 24, aquellos que decían ser sus seguidores no supieron, en ese momento, quién era Él. ¿No te intriga esa afirmación? ¿Cómo se entiende que aquellos que se reconocían como sus seguidores no pudieran reconocerle? Las respuestas pueden ser muchas... Algunos ilustran a Jesús oculto detrás de un manto, otros dicen que su imagen glorificada era diferente a su forma humana anterior a la crucifixión, o quizás tenía la capacidad de confundir los ojos de la gente para que no le reconocieran. Lo cierto es que no supieron quién era hasta el momento en que partió el pan y recién entonces pudieron reconocerlo.

Esta historia destaca una verdad poderosísima. No es suficiente con saber quién es Jesús. Necesitamos tener experiencias cercanas con Él. Jesús puede caminar contigo sin que le puedas reconocer, y de pronto, ¡puf!, viene una gran revelación a tu vida que te hace ver claramente que Jesús ha estado caminando y hablando contigo todo ese tiempo.

ESA ES LA TAREA DE LOS DISCIPULADORES: CAMINAR CON ALGUIEN PARA QUE PUEDA VER CLARAMENTE A JESÚS

Esa es la tarea de los discipuladores: caminar con alguien para que pueda ver claramente a Jesús; acompañar a otro que aún no puede reconocerlo en ciertos aspectos de su vida. Y ese es el desafío del discipulado bíblico: viajar junto a otra persona hasta que pueda reconocer al Mesías, caigan sus velos interiores y experimente la presencia de Dios a través del Cristo resucitado.

LO QUE NO ES EL DISCIPULADO:

En muchas ocasiones, la manera más clara de definir algo es hacer una lista de lo que ese algo no es, y aquí hay una lista de lo que el discipulado bíblico no es:

- **NO ES UNA CLASE BÍBLICA.** Usualmente se confunden estas dos expresiones que suelen ir de la mano pero no son iguales. Una clase en la que se enseña la Biblia aporta una parte importante en el crecimiento de un discípulo. De hecho, una parte indispensable y por eso este libro contiene lecciones para enseñar, pero el libro incluye la palabra «proyecto» porque una clase no es el todo del discipulado.

- **NO ES UN PROGRAMA DE MEMBRESÍA.** En algunas iglesias se da entender que el discipulado es un programa de iniciación para nuevos creyentes, pero otra vez, queremos que los nuevos creyentes comiencen a ser discípulos de Jesús y es bueno que haya un buen programa para quienes dan sus primeros pasos en la fe pero el discipulado no termina con el bautismo o con la finalización de un curso. No se trata de seguir una serie de talleres. Aunque esto puede ayudar mucho en el proceso del discipulado, verás que el conocimiento bíblico y otros tipos de aprendizajes no redundan necesariamente en una mayor madurez espiritual.

- **NO ES UNA REFLEXIÓN DOCTRINAL.** El discipulado no está limitado a cuestiones intelectuales. Más bien es un desarrollo de carácter integral que involucra, además de la parte cerebral, el espíritu, las emociones, la voluntad y la conducta. Las clases teológicas podrían hacernos caer en el engaño de que aprendiendo ciertas doctrinas, seremos buenos discípulos. Las doctrinas claro que son fundamentales y hay enseñanza doctrinal en un verdadero discipulado bíblico, pero esas doctrinas deben pasar a la acción para surtir su efecto. El saber teología y doctrina no te hace un buen discípulo si no te llevan a una práctica tangible. Considera, por ejemplo, a los fariseos, a quienes Jesús confrontaba. Ellos tenían mucho conocimiento, y manejaban la teología y la doctrina a la perfección, pero su corazón estaba muy lejos de Dios.

- **NO ES UNA LITURGIA.** Aunque es cierto que el discipulado tiene mucho que ver con adquirir buenos hábitos y disciplinas espirituales, estas cosas no deben convertirse en repeticiones frías ni en rígidas conductas religiosas. Cada disciplina adquirida, cada momento de adoración colectiva, cada acto de participación comunitaria, oración y ayuno, son herramientas para que nuestro corazón sea conquistado por el corazón de Jesús y no solamente para que «hagamos» lo que es correcto a los ojos de otros.

Se puede saber mucho acerca de Dios y estar lejos de Él y por eso, el discipulado genuino es más parecido a ser un espejo de Cristo que a simplemente enseñar sobre Él.

El punto no es «demostrar» quién se parece más a Jesús sino tener en claro que mientras más me enfoco en reflejar voluntariamente a Cristo, mejor discipulador seré.

Entonces, ¿qué es el discipulado bíblico? Reunir en una sola frase todo lo que un discipulado genuino significa puede ser muy osado… pero lo podemos intentar:

«EL DISCIPULADO ES UN PROCESO DE ACOMPAÑAMIENTO EN EL QUE, A TRAVÉS DE UNA RELACIÓN PERSONAL, SE CONSIGUE MOLDEAR EN EL DISCÍPULO LAS VIRTUDES DEL CARÁCTER DE JESÚS».

> **EL DISCIPULADO GENUINO ES MÁS PARECIDO A SER UN ESPEJO DE CRISTO QUE A SIMPLEMENTE ENSEÑAR SOBRE ÉL**

PIENSA EN ESTAS DOS PALABRAS:

- **PROCESO:** El discipulado es un proceso progresivo y paciente. Tiene que ver con acompañar a una persona desde un lugar a otro, tal como sucedió con los caminantes de Emaús. Mientras iban caminando, Jesús les recordaba cosas que ya habían escuchado y les decía otras que aún no sabían. Y ellos vivieron con tal intensidad el «proceso» de esa caminata, que cuando finalmente se dieron cuenta de que era su Maestro, recordaron que su corazón ardía mientras Él les hablaba.

- **RELACIÓN:** El discipulado no sucede sin acompañamiento. Caminar junto con alguien significa «estar allí» para esa persona. No se reduce a impartir lecciones o clases, y definitivamente debe ser algo más que una reunión semanal. El discipulado va más allá de compartir los cultos o las reuniones programadas. Los mejores discipuladores comparten con sus aprendices otros momentos de la vida y por eso las lecciones de este libro te van a desafiar a pasar de la lección a la convivencia. Así lo hizo Jesús. Y así lo haremos nosotros.

MIENTRAS MÁS ME ENFOCO EN REFLEJAR VOLUNTARIAMENTE A CRISTO, MEJOR DISCIPULADOR SERÉ

Los doce discípulos no fueron los únicos seguidores de Jesús pero fueron los más íntimos. A lo largo del tiempo que nuestro Mesías caminó entre los seres humanos, muchos estuvieron cerca de Él y eso continúa hasta hoy. ¿Recuerdas a la multitud comiendo gratis de los panes y los peces? Seguidores de Jesús puede haber muchos, pero no todos los que dicen seguirle son verdaderamente sus discípulos.

La Biblia dice que el Verbo se hizo carne y habitó entre nosotros. Vivió con los hombres proclamando que el reino de los cielos se había acercado. Murió. Resucitó. Y justo antes de partir de regreso al trono preparado para Él, dejó una gran tarea: *«Vayan y hagan discípulos, enséñenles a guardar todas las cosas que les he enseñado»*. Luego se dice que alrededor de 500 personas presenciaron la ascensión del Salvador (1 Corintios 15:6).

La gran tarea de hacer discípulos a todas las naciones se ha efectuado con diversos matices, y al iniciar este proyecto en nuestras iglesias la gran pregunta a responder es: ¿cómo podemos hacer mejores discípulos de Jesús?

Y para hacerlo, a continuación tienes 10 recordatorios cruciales sobre los diferentes aspectos que el discipulado bíblico representa. **Más allá de la transmisión de conocimientos, estas premisas tienen la intención de ayudarte en la transmisión de una CULTURA**. Eso es lo que Cristo vino a instaurar: la cultura del reino de los cielos, la interpretación precisa de lo que el Padre había dicho desde tiempos antiguos, el ejercicio social de un pueblo, al cual ahora llamamos familia, y las características que esta familia debe tener. Como ves, se trata de cosas cruciales que no podemos olvidar.

Jesús anunció que había venido para cumplir la ley y no para abolirla, pero Él no les enseñó a sus discípulos una serie de pasos para ser un mejor creyente. Él vivió con ellos un estilo de vida de fe. Jesús estuvo con sus discípulos hasta en los momentos más difíciles, pero no los reunió para darles una charla sobre obediencia. Él obedeció al Padre en todo, y así les enseñó a ellos a hacer lo mismo.

> *«Este es el pacto que haré con ellos después de aquellos días, —dice el Señor: Pondré mis leyes en su corazón y las escribiré en su mente».*
> **Hebreos 10:16**

ENTRENAMIENTO PREVIO PARA DISCIPULADORES

Tu iglesia y ministerio pueden hacer un discipulado transformacional y este entrenamiento preliminar tiene la intención de:

- Romper cualquier paradigma incorrecto que exista en torno al discipulado bíblico en la comprensión de los miembros de tu equipo.

- Entusiasmar a tus voluntarios con el tremendo proyecto de que tus participantes se parezcan más a Jesús.

- Optimizar el proceso de crecimiento estableciendo resultados claros para tu ministerio.

- Ampliar la visión de todos los involucrados recuperando el sentido de comunidad de la Iglesia del primer siglo.

PRINCIPIOS ESENCIALES DEL DISCIPULADO BÍBLICO

SOMOS LA IGLESIA

«El mayor regalo que puede recibir una iglesia es tener un grupo de familias que asuman la vida con tanta seriedad cristiana que estén dispuestas a alterar por completo su estilo de vida para criar discípulos para Jesucristo».

Abraham Kuyper

Por mucho tiempo nos acostumbramos tanto a hacer reuniones en un templo como parte del ejercicio natural de la Iglesia que esta inercia nos ayudó a olvidar que debemos ser y hacer **discípulos**, y no solo asistentes a reuniones. En un sentido bíblico, la iglesia no es un lugar al que ir sino una familia a la cual pertenecer y si no logramos verla de esta manera, terminaremos estancando nuestro crecimiento personal y el de la Iglesia.

La forma en que hablamos exhibe cómo pensamos y, en consecuencia, cómo actuamos. Mira esta conversación:

— ¿A qué iglesia asistes?

—Asisto a la Iglesia Central.

—Pero... ¿eres de los que sirven?

—Solo asisto, no estoy en ningún ministerio.

LA IGLESIA NO ES UN LUGAR AL QUE IR SINO UNA FAMILIA A LA CUAL PERTENECER

Seguramente escuchaste alguna parecida. Pero lo cierto es que «asistir» a una comunidad eclesial es prácticamente imposible desde la perspectiva de Dios. Piensa en tu familia. ¿Asistes semanalmente a tu familia o eres parte de ella? Ser parte de la iglesia y congregarnos no es lo mismo que asistir.

Una respuesta bíblica para la pregunta de más arriba sería:

—No asisto a una iglesia, yo *soy* la Iglesia de Cristo.

Otra conversación muy común es la siguiente:

—Esta semana no fui a la iglesia.

Y su líder responde: —Pues no debes faltar porque recuerda que no debemos dejar de congregarnos.

Nadie tiene malas intenciones al decir estas cosas pero hacerlo puede empujar a las nuevas generaciones a llevar una doble vida. ¿Qué es congregarse exactamente? Obviamente la palabra quiere decir reunirnos pero en un sentido bíblico quiere decir estar enlazados. Compartir un sentir, un creer y un hacer continuo.

DECIR "SER LA IGLESIA" NOS HACE SABER QUE SOMOS PARTE Y NO DEJAMOS DE SERLO JAMÁS

Tenemos que evitar que por un lado esté la vida de las reuniones de la iglesia, en la que todos se muestran buenos, serviciales, y hasta son un buen ejemplo para los demás y por el otro esté «la vida secular». Hemos vivido en esa dicotomía por siglos, y ya es hora de decir que es errónea y que no es bíblica ya que según la revelación escrita no existe una vida cristiana y una vida secular. Si eres un discípulo de Jesús, entonces eres el mismo en cualquier lugar, momento, condición y actividad y todo lo que haces lo debes hacer para el Señor (Colosenses 3:23-24).

La frase «ir a la iglesia» nos hace pensar que es un destino para visitar, un buen lugar para pasar un rato ciertos días de la semana. En cambio, decir «ser la iglesia» nos hace saber que somos parte y no dejamos de serlo jamás, sin importar dónde o con quién estemos.

Mira este texto de tu Biblia....

«Dios fue el que hizo el mundo y cuanto en él existe y, por cuanto es Señor del cielo y de la tierra, no habita en templos que el hombre construya, ni necesita que los seres humanos satisfagan sus necesidades, porque él es el que da vida y aliento a todas las cosas. De un solo hombre creó a la humanidad, y luego distribuyó las naciones sobre la faz de la tierra, tras decidir de antemano cuándo y cuáles serían sus fronteras. En todo esto, el propósito de Dios era que las naciones lo buscaran y, quizás palpando, descubrieran el camino donde se le pudiera hallar. Pero él no está lejos de ninguno de nosotros, porque en él vivimos, nos movemos y existimos. Como uno de los poetas de ustedes dijo: Somos de la familia de Dios».

Hechos 17:24-28

Dios no está en los templos, pero siempre está en la Iglesia.

A muchos les cuesta entender esta frase pues consideran que templo es un sinónimo de iglesia, pero no es así. ¡La Iglesia somos nosotros! Lo que dice el versículo 28 es contundente: en Él vivimos, nos movemos y existimos. Y porque Él habita en nosotros, somos su familia.

DIOS NO ESTÁ EN LOS TEMPLOS, PERO SIEMPRE ESTÁ EN LA IGLESIA

Nos reunimos en templos, sí, pero Dios no está allí por el lugar, sino por nosotros, su Iglesia. Un discípulo verdadero jamás deja de ser Iglesia y precisamente por eso está consciente de que debe ser parte activa de las reuniones; sabe cuán importante es la vida en comunidad, es parte del cuerpo, se relaciona con otros y sirve a Dios con sus dones y talentos. Pero su misión no termina allí. El discípulo mira en su interior, se examina periódicamente y rinde cuentas a su discipulador en base a los pasos de crecimiento que ha dado. Por eso, aunque participa de las reuniones, **un discípulo no depende de la reunión para crecer y cumplir aquello que Cristo le ha encomendado**.

«Asistir» a una congregación no te exige ser un discípulo, pero SER PARTE de una comunidad de seguidores de Jesús te obliga a ser un discípulo donde quiera que estés, ¡y además te obliga a cumplir con la misión de formar otros discípulos! No importa a qué comunidad de creyentes pertenezcas, la misión sigue siendo la misma, y tú sigues siendo parte de la Iglesia global. Todos estamos unidos en una misma fe, propósito y misión.

Esta perspectiva nace de comprender que la Iglesia no es un lugar delimitado a un espacio físico, sino que se trata de un organismo vivo y, como tal, debe crecer integralmente, así como también reproducirse, multiplicarse y expandirse. Si esto no sucede, es porque algo no estamos haciendo bien...

Recuerda que el hecho de tan solo *ser* un discípulo de Jesús no es el plan de Dios completo para ti. Hace falta también *hacer* discípulos, modelar en otros el carácter de Cristo, acompañarlos a vivir este proceso, y alentarlos a reproducirse en otros más.

ALGUNOS CAMBIOS DE PARADIGMA:

- No asisto a una iglesia, SOY la Iglesia.

- El edificio donde nos reunimos NO es la Iglesia, es un templo.

- La Iglesia no es un lugar estático, es un organismo VIVO.

- La Iglesia está formada por los hijos de Dios, dondequiera que estos se reúnan. En un auditorio enorme, en un parque, o en una casa, dondequiera que estén los hijos de Dios, allí está la Iglesia.

IMPLEMENTA IDEAS QUE CAMBIEN LA CULTURA:

- Pega carteles en el templo con frases que ayuden a todos a cambiar su mentalidad respecto de «ir a la iglesia» a «ser la Iglesia».

- Intenta repetir varias veces esas frases en las reuniones hasta que los conceptos se vuelvan parte del lenguaje habitual.

- Trabaja con todos los miembros y voluntarios del ministerio para que en las clases, las reuniones de grupos pequeños, y aun en las consejerías individuales se hable con claridad que todo lo que hacemos los cristianos todos los días tiene que ver con la iglesia.

ENSEÑANZA Y DISCIPULADO NO SON LO MISMO

«Una comprensión cristiana del mundo ve el carácter de las nuevas generaciones no tan determinado genéticamente, sino moldeado en gran medida por el discipulado y la disciplina de sus modelos».

Russell D. Moore

Es fácil mezclar estas palabras porque la enseñanza es parte del discipulado pero es fundamental diferenciarlas. Si bien el discipulado se vale de la enseñanza, la sola enseñanza no hace discípulos.

La realidad práctica de los cristianos de hoy es que estamos bombardeados por una cantidad enorme de información, mensajes y enseñanzas de diversos tipos en las redes. Tenemos de todo, e idolatramos a los que «hablan mejor» y tienen redes sociales populares pero... ¿de qué manera estamos haciendo discípulos? Obviamente no queremos cuestionar a alguien pero es bueno tener en claro que hablar bien por un rato en un video o un púlpito no es lo mismo que hacer lo que Jesús sí nos encargó. Discipular es más que hablar lindo.

Quizás la clave está en no quedarse en la parte discursiva de la comunicación. Ambos autores de este libro trabajamos en este material porque queremos ayudarte a incluir desafíos personales en tu enseñanza en ese proceso intencional que estamos llamando discipulado.

Los retos personales o colectivos para poner en práctica lo aprendido, supervisados en una relación que optimiza resultados, son realmente vitales.

Reflexiona con tu equipo en estas diferencias entre enseñanza y discipulado:

ENSEÑANZA	DISCIPULADO
Transmite conocimientos.	Transmite una cultura.
Se limita a las clases, y no exige mucha relación con el maestro.	Apunta al acompañamiento y exige una relación con el discipulador.
Se basa en saber lo que dice la Biblia o la teología.	Se basa en practicar lo que la Biblia dice.
Te lleva a un mayor conocimiento.	Te lleva a la madurez en Cristo.
Es un momento o etapa corta apuntado a terminar un programa.	Es un proceso apuntado al carácter.

Si prestas atención al cuadro anterior podrás observar que **el discipulado conlleva mucho más esfuerzo y tiempo que la enseñanza.** Los maestros, entonces, son una parte clave del proceso, pero **si en verdad quieres discipular a otros vas a tener que movilizarte a un nuevo nivel de compromiso y relación.** El proceso puede iniciarse con la enseñanza, pero no termina allí.

QUIEN EJERCITA EL PROCESO INTENCIONAL DEL DISCIPULADO ASUME RASGOS DE PATERNIDAD ESPIRITUAL

¿Puedes entonces ser un maestro y no estar haciendo discípulos? Sí. Cuando limitas la enseñanza a la impartición de información, allí la Palabra se vuelve letra muerta y el conformismo impide que la verdad de Dios sea real y viva en la vida de la persona.

Cuando entiendas esto y cambies tu forma de enseñar, entonces todo lo que enseñes traerá mayor fruto, pues apuntará hacia el objetivo de hacer discípulos y no de crear clones que sepan todo lo que tú ya sabes. Y, al final del camino, estamos seguros de que serás enseñado por cada discípulo tú también, ¡pues nunca habrás dejado de ser uno!

Alguien que discipula es más que un maestro. Poco a poco se va convirtiendo en un ejemplo de vida, una consejera, un entrenador y una amiga. Quien ejercita el proceso intencional del discipulado asume rasgos de paternidad espiritual ya que asigna identidad, provee y protege.

ALGUNOS CAMBIOS DE PARADIGMA:

- La enseñanza no es el «todo» del discipulado.

- La fuerza motora del discipulado no es el conocimiento, sino la relación.

- Saber de la Biblia no trae madurez; practicarla sí.

IMPLEMENTA IDEAS QUE CAMBIEN LA CULTURA:

- Empieza a diferenciar las clases bíblicas de los procesos de discipulado.

- Instruye a todos los involucrados (líderes, voluntarios y participantes) para entender la diferencia.

- Identifica a aquellos en tu congregación que pueden ser discipuladores y entrénalos con esta guía.

- Que toda clase apunte a cambios de acción que serán supervisados en una relación.

CADA DISCÍPULO ES DIFERENTE

«Dios creó a las personas con una amplia variedad de intereses y habilidades. Ha llamado a personas de todas las razas y colores que han sido lastimadas por la vida de todas las formas imaginables. Incluso las cicatrices de abusos y lesiones en el pasado pueden ser el medio de llevar la curación a otro. ¡Qué maravillosas oportunidades para hacer discípulos!».

Charles R. Swindoll

La filosofía griega que heredamos del imperio romano instaló en occidente la idea no muy astuta de que la educación se debe parecer a un embudo en el que todos entramos distintos para luego salir todos iguales, y algunos sin saberlo han pretendido este tipo de acercamiento para el discipulado y la Iglesia.

Por ese motivo, los programas se crean con la expectativa de que todo creyente pueda repetir y hacer lo mismo que los otros cristianos. Sin embargo, hoy tenemos en claro que todos somos iguales en lo esencial pero que somos distintos y eso es bueno y hay que traerlo al discipulado. Cada discípulo es diferente, tiene necesidades específicas y lucha con cosas que otros no. Sus debilidades y fortalezas son únicas, y no es posible crear un patrón que pueda servir a todos por igual. A su vez, aquel que discipula está consciente de sus propias debilidades para depender

CADA DISCÍPULO ES DIFERENTE, TIENE NECESIDADES ESPECÍFICAS Y LUCHA CON COSAS QUE OTROS NO

más de Cristo, y asume sus fortalezas para ser impartidas a sus seguidores, todo completamente guiado por el Espíritu de Dios.

Es por este motivo que el discipulado es, necesariamente, más personal que grupal. Lo grupal y lo individual deben ser dos caras complementarias porque no es uno o lo otro sino ambas cosas, porque hay verdades que se aprenden mejor comunalmente y ciertas otras que deben ser cara a cara en la intimidad de dos personas. El desafío es que casi todos los programas de las iglesias son grupales y hay poco acercamiento individualizado y por eso es tan vital recordar que las **conversaciones íntimas, los encuentros personales y los retos individuales son una marca de un discipulado genuino.**

Algunas ideas para discipular de forma personal:

- No mires números, mira personas.

- Crea oportunidades que vayan fuera de una clase.

- Crea intimidad intencional sin esperar a que surja de forma natural.

- Entérate de las cosas que a cada discípulo le interesan.

- Si quieres una relación genuina, sé auténtico.

- Trabaja más con los que están mejor dispuestos.

- Enséñales a rendir cuentas de su vida. Es importante.

- Aplaude sus éxitos, consuela sus tropiezos.

- Trabaja sobre acciones específicas.

- Ayúdales a fijarse metas personales.

- Ayúdales a depender de la guía del Espíritu Santo.

Estos consejos tendrán leves variaciones si estás discipulando niños, preadolescentes, adolescentes o jóvenes. Ya verás que el principio que viene más adelante te ayudará a enfocarte mejor en cada edad. Sin embargo, debes saber que no existe ninguna limitación de edad para que alguien se convierta en un discípulo.

ALGUNOS CAMBIOS DE PARADIGMA:

- Para Dios todos somos iguales, pero también somos diferentes.

- El discipulado siempre llega a una instancia personal.

- Las reuniones semanales no discipulan, la relación sí.

- Fuimos creados a imagen y semejanza de un Dios multiforme.

IMPLEMENTA IDEAS QUE CAMBIEN LA CULTURA:

- Conoce las diferencias individuales de las personas que tienes en un grupo de discipulado.

- Advierte intencionalmente qué paradigma es importante para transferirles el valor.

- Ayuda a las personas a las que discipulas a conocerse mejor.

- Crea una conciencia de inclusión e integración en los miembros de tus proyectos.

- Modela un acercamiento pastoral personalizado.

EL DISCIPULADO NO ES PARA UNA EDAD ESPECÍFICA

«Jesús pasó tiempo y tuvo relaciones cercanas y personales con sus discípulos.

¿Tenemos relaciones personales con las nuevas generaciones en nuestras iglesias?».

La Verne Tolbert

Pareciera ser que la conciencia general de muchas congregaciones reclama que discipulemos «en serio» a los adultos, mientras que los niños, preadolescentes, adolescentes y jóvenes pueden esperar, y este es un error estratégico de consecuencias nefastas. De hecho, cuando se trata de transmitir cultura, la mejor edad es la más temprana. Cuando trabajes con adultos encontrarás que es un poco más difícil cambiar algo que han hecho de una determinada manera durante toda su vida. En cambio, los más pequeños son moldeables, enseñables, y adaptables. Saben que no saben y eso es bueno.

Si tienes una posición de influencia con las nuevas generaciones, Dios te ha tenido en alta estima.

Ahora bien, no es lo mismo trabajar con niños que trabajar con jóvenes así que aquí van a

CUANDO SE TRATA DE TRANSMITIR CULTURA, LA MEJOR EDAD ES LA MÁS TEMPRANA

algunas recomendaciones que corresponden a las 4 arenas básicas del trabajo de una visión inteligente de pastoral generacional.

PARA EL DISCIPULADO DE NIÑOS:

- Trabaja íntimamente con los padres. Ellos son los líderes y discipuladores naturales que Dios les dio. Discipular a los niños es cooperar con sus padres.

- Ayuda a los niños a compartir sus pasos de crecimiento en el contexto de su familia.

- Usa las inteligencias múltiples, así el proceso de formación será integral y llegará a todos. (Si quieres saber más acerca de Inteligencias Múltiples aprovecha el curso en el Instituto online de e625).

PARA EL DISCIPULADO DE PREADOLESCENTES:

- Es la etapa en donde comenzamos a ver el mundo más allá del hogar y con la llegada del pensamiento abstracto comenzamos a cuestionar la validez de lo que aprendimos en la niñez y por eso la enseñanza debe pasar de los datos concretos a los principios abstractos.

- En esta etapa también es crucial colaborar con sus padres porque en ella tienen su última gran oportunidad de definir algunos valores y hábitos en sus hijos que, a partir de la siguiente, van a ser mucho más difíciles de inculcar.

- La relación con sus líderes y maestros ahora debe ser más personal. Necesitan modelos y es muy posible que los modelos que tengan en esta etapa lo serán de manera inconsciente por el resto de sus vidas.

PARA EL DISCIPULADO DE ADOLESCENTES:

- La relación de los chicos y chicas con sus padres es siempre importante, pero la relación con sus amigos a esta edad es clave. El discipulado comunal tiene más sentido en esta etapa que en ninguna otra.

- Por naturaleza en la adolescencia todos cuestionamos nuestro marco familiar y los líderes no debemos tirar más leña al fuego sino ayudarles a hacer esa evaluación de manera positiva.

- Prepárate para hablar con ellos sobre sentimientos y emociones. Su vida durante esta etapa va a ser un carrusel de altibajos en el área emocional y necesitarán alguien maduro, y por lo tanto estable, que los acompañe.

PARA EL DISCIPULADO DE JÓVENES:

- Así como en la etapa anterior el discipulado comunal es vital, en esta pasamos a la etapa crucial para el discipulado personal. La palabra mentor se hace más importante que nunca porque eso es lo que necesitan y deberás aprender a hacer preguntas difíciles, incluso las más íntimas.

- Preséntales opciones a los jóvenes sin darles órdenes y, sobre todo, sin tomar decisiones por ellos. Enséñales a tomar sus decisiones en base a la Palabra de Dios. El coaching es una buena disciplina para sumar a tus habilidades y en el Instituto online de e625.com también tienes un curso fundacional de coaching generacional.

- Esta es la etapa de elegir una profesión, una pareja para casarse, planificar su futuro, y descubrir su propósito de vida o incluso un llamamiento ministerial, y los temas de conversación del discipulado tienen que aterrizarse en estos dilemas.

ALGUNOS CAMBIOS DE PARADIGMA:

- La edad no es una limitante para hacer discípulos pero sí hay que hacer adaptaciones pertinentes según la etapa.

- Discipular a los adultos **no** es más valioso que discipular a los más pequeños.

- Transmitir una cultura requiere tiempo, enfoque y esfuerzo.

IMPLEMENTA IDEAS QUE CAMBIEN LA CULTURA:

- Trabaja una visión de *Liderazgo Generacional*[1]. (Si no leíste este libro tienes que hacerlo cuanto antes). Reúne a todas las áreas de tu congregación que estén dedicadas a las nuevas generaciones y suma a los ministerios de adultos planificando una actividad conjunta con el foco de que el discipulado de nuevas generaciones sea una prioridad para toda tu iglesia, así como fue encargado por Dios en Deuteronomio 6. Verás que de vez en cuando es bueno que se escuchen las cabezas y corazones de todos para coordinar esfuerzos.

- Organiza las cosas de manera que las nuevas generaciones por etapa dirijan una reunión en alguno o varios momentos del año. Dales responsabilidades a los preadolescentes, anima a los adolescentes a ser ejemplo para los más pequeños, entrena a los jóvenes para modelar conductas en los adolescentes y provee ejemplos de madurez para dar pasos firmes hacia la siguiente etapa en la que se encuentren.

---

1. Lucas Leys. *Liderazgo Generacional.* Editorial e625. Dallas, Texas. 2017

EL DISCIPULADO SUCEDE EN PROCESOS

«Cuando la iglesia se convierte en un fin en sí misma, termina. Cuando cualquier ministerio, por grandioso que sea, se convierte en un fin en sí mismo, termina. Lo que necesitamos es que el discipulado se convierta en la meta, y entonces el proceso de conversión y santificación nunca terminará».

Robby Gallaty

Cuando hablamos de discipular a otros debemos pensar en cómo llevar a los discípulos de un lugar a otro en su madurez. Se trata de ir desde *aquí* hasta *allá*, y para eso se requiere trazar una ruta que marque los pasos de ese crecimiento sostenido que buscamos y entender que hay pasos intermedios en el camino. Cuando entendemos esto mejor, le bajamos el volumen a nuestra valoración de los eventos y le ponemos más cuidado a una visión progresiva de procesos.

Una cosa es aprender un principio y otra diferente es vivirlo. Lo primero es un acto intelectual, algo que se puede recibir en una clase. Pero para llevar un principio a la práctica se requiere decisión, esfuerzo y el cumplimiento de metas que nos ayuden a que este principio pase a formar parte de nuestra cultura, de nuestra forma de vida.

LE BAJAMOS EL VOLUMEN A NUESTRA VALORACIÓN DE LOS EVENTOS Y LE PONEMOS MÁS CUIDADO A UNA VISIÓN PROGRESIVA DE PROCESOS

Por eso, alguien que decide discipular no puede conformarse con enseñar principios, pues eso es apenas la primera parte. Es necesario que esos principios sean parte de la cultura del discipulador, para que pueda transmitirlos de manera tal que pasen a ser parte de la cultura del que es discipulado.

Se trata de un estilo de vida que debe surgir de forma natural y no forzada.

EL PENTÁGONO DEL APRENDIZAJE APLICADO AL DISCIPULADO

En el libro *Liderazgo Generacional*[1] se describe la necesidad de mejorar los métodos de enseñanza desde un matiz relacional con el siguiente pentágono:

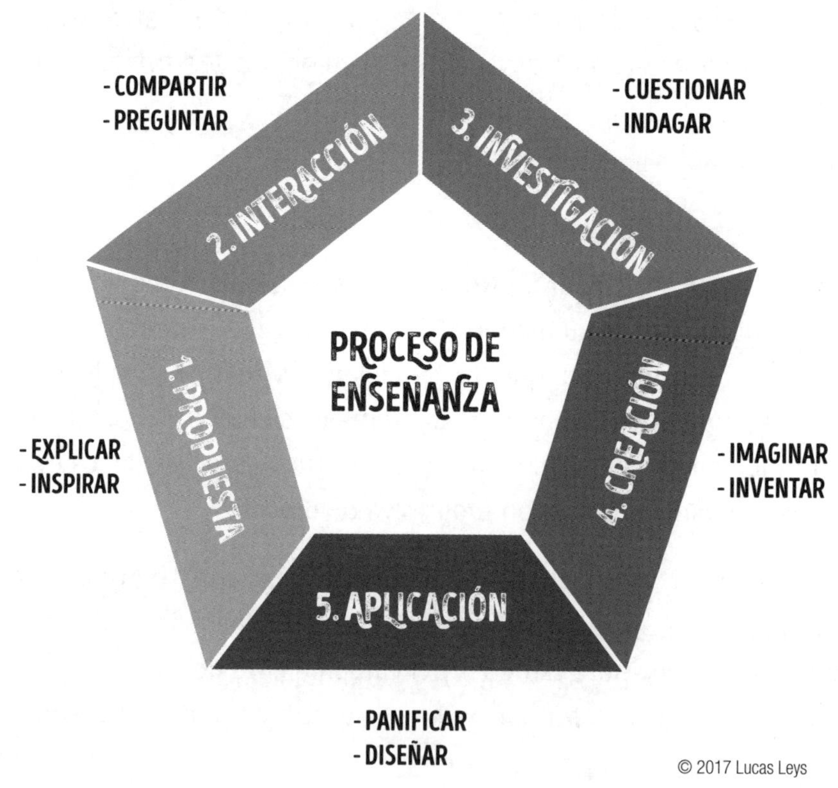

1.   Lucas Leys. *Liderazgo Generacional*. Editorial e625. Dallas, Texas. 2017. Pág. 148

Cada uno de los lados del pentágono marca una dimensión del accionar que los discipuladores debemos observar. Si lo analizas bien, comprenderás la necesidad de formar discípulos a través de procesos, en lugar de simplemente tener alumnos en una clase.

Aquí te mostramos un ejemplo de cómo funciona este proceso:

1. PROPUESTA: Elegir un aspecto del carácter de Cristo.

2. INTERACCIÓN: Explorar las diferentes apreciaciones sobre el tema.

3. INVESTIGACIÓN: Buscar lo que la Biblia dice al respecto.

4. CREACIÓN: Crear un método para ponerlo en práctica.

5. APLICACIÓN: Vivirlo en carne propia y rendir cuentas de ello.

Un proceso puede estar enfocado en un área específica de la vida del discípulo, en una temática concreta, en un aspecto del carácter, etc., por lo que de la misma forma puedes ir creando diferentes propuestas de procesos que se adapten a los principios de este pentágono. Nada es rígido. Por el contrario, todo es adaptable y mejorable al 100% y puedes leer más en el libro mencionado y escuchar una conferencia cuando pasemos por tu ciudad.

Aunque este libro propone un proyecto corto, es tan solo una herramienta para encaminar un proceso a largo plazo cuya meta final es formar el carácter de Cristo en la vida del creyente, y eso dependerá de la relación entre el discipulador y el discípulo, y de lo dispuestos que ambos estén para ser formados a lo largo de este proceso.

ALGUNOS CAMBIOS DE PARADIGMA:

- El discipulado no es un discurso proposicional sino un proceso de internalización de verdades que respeta las distintas aptitudes de nuestro cerebro para aprender.

- El predicador comparte un monólogo, el maestro imparte una clase, el discipulador acompaña procesos.

- La relación entre discipuladores y discípulos es la naturaleza misma del discipulado.

IMPLEMENTA IDEAS QUE CAMBIEN LA CULTURA:

- Acostúmbrate a crear procesos. Las predicaciones y clases sueltas resuelven muy poco en la comprensión de las personas. Usa series, lecciones inductivas de larga duración y distintas instancias para que distintas personas internalicen los contenidos de lo que quieres que se practique.

- El llamado no fue a hacer reuniones donde nos paramos para cantar y luego escuchamos un discurso. Piensa fuera del templo, del aula y del discurso.

ACOMPAÑAMIENTO Y MENTOREO

«Creo en el poder transformador del Espíritu de Dios y que Jesús puede ser formado en la vida de las nuevas generaciones. Trabajo desde su realidad, no desde la ficción».

Félix Ortiz

Según lo que podemos notar en el Nuevo Testamento, el apóstol Pablo llegaba a una ciudad, predicaba y después continuaba trabajando con algunos creyentes selectos hasta formar en ellos el carácter de Cristo para que luego ellos hicieran lo mismo con otros. Cuando era el tiempo, salía de allí pero no se desconectaba de ellos: seguía dándoles instrucciones a través de sus escritos.

Si estamos hablando de relaciones y procesos tenemos que plantear el desarrollo de las relaciones en fases o etapas y por eso es bueno incluir la palabra proyecto. Si queremos formar discípulos con madurez, que reflejen verdaderamente el carácter de Cristo, debemos formar los atributos de Cristo primero en nosotros y luego ir desarrollando cada uno de los aspectos de nuestros compromisos personales modelándolos a otras vidas. Pablo decía: «Sean imitadores de mí, así como yo lo soy de Cristo» y esto puede tomar años aunque a la vez, es recomendable plantarlo con fases y tiempos para luego soltar a los discípulos para que vayan y ellos repitan el proceso con otros.

LA MAYOR RIQUEZA DEL DISCIPULADO ESTÁ EN LA RELACIÓN

La relación con tus discipulados puede durar toda la vida, e incluso quizás te perciban como una referencia espiritual, pero eso no significa necesariamente que los roles son eternos y que no van a avanzar, por eso el punto es acompañarlos en esta etapa para ayudarles a dar los pasos de maduración que necesitan dar en este periodo en el que se encuentran. Este «estar en contacto» puede valerse de herramientas digitales como video chats, redes y herramientas similares pero el punto es mentorear, es decir, modelar para transferir ciertas enseñanzas vitales que deben aprender en una etapa de la vida.

Mira lo que dice el libro de Éxodo acerca de la relación de Dios con Moisés. Aunque Moisés no pudo mirar directamente el rostro de Dios, pues hubiera caído muerto, su encuentro personal con el Eterno produjo en él un peso de gloria que los demás no pudieron dejar de reconocer.

> *«En la tienda de reunión, el Señor le hablaba a Moisés cara a cara, como un hombre habla con su amigo. Después Moisés regresaba al campamento, pero el joven que le ayudaba, Josué hijo de Nun, nunca se alejaba de la Tienda de reunión».*
> **Éxodo 33:11**

Es decir que la cercanía con un buen modelo tiene un impacto que tarde o temprano todos van a notar. Moisés fue discipulado por Dios, así como todos nosotros podemos serlo. Ese proceso está basado en la relación que alcancemos con Él. De la misma forma, todos podemos acompañar a otro en su proceso de crecimiento.

ALGUNOS CAMBIOS DE PARADIGMA:

- No hay discipulado sin acompañamiento.

- La mayor riqueza del discipulado está en la relación.

- La relación de discipulado puede ser hasta la muerte, aunque suele cambiar de roles según las etapas de la vida.

IMPLEMENTA IDEAS QUE CAMBIEN LA CULTURA:

- Tómate un tiempo personal con cada persona que tengas en un grupo de discipulado.

- Deja que las personas de tu grupo conozcan aspectos de tu vida que están fuera de una clase semanal.

- Que desde temprano tengan en mente que un día ellos deberán hacer lo mismo con otros. Así el cambio no se quedará solo en tu esfuerzo, ya que la responsabilidad de hacer discípulos es de todos los creyentes.

- Crea proyectos para etapas específicas con resultados precisos.

INVOLUCRAMIENTO DE LOS PADRES

«Los cristianos disciplinamos a nuestros hijos no para que nos hagan felices, sino para que sirvan a Cristo como adultos. Los educamos no para que puedan tener un buen trabajo, sino para que sean el mejor seguidor de Jesús que puedan ser».

Chap Bettis

Todos los padres cristianos están involucrados en el discipulado de sus hijos aunque no lo sepan o no sean intencionales al respecto, y el trabajo de los líderes de cada iglesia es asegurarnos de que se enteren y ayudarlos para que sean intencionales en hacerlo mejor.

Conforme los hijos van creciendo, su capacidad y necesidad de relacionarse con otros modelos también crece y ahí es donde entramos nosotros, pero no como algo paralelo a la familia sino sumando fuerzas de manera colaborativa. El punto es que una constante interacción entre el liderazgo y los padres llega mucho más lejos de lo que sospechamos. El rol de los padres decrece conforme los hijos crecen y es necesario que esto suceda, pues de lo contrario, jamás podrían entregar hijos maduros que sirvan efectivamente al reino de los cielos, pero, otra vez,... este es un PROCESO lento, paciente y que podríamos llamar artesanal, y es por eso que los

TODOS LOS PADRES CRISTIANOS ESTÁN INVOLUCRADOS EN EL DISCIPULADO DE SUS HIJOS AUNQUE NO LO SEPAN

que trabajamos en el discipulado desde la perspectiva de la iglesia necesitamos alimentar una relación positiva también con los padres.

El rol de cada uno podría ir variando a lo largo del tiempo, de esta manera:

6 A 9

10 A 13

14 A 17

18 A 25

6 A 9	10 A 13	14 A 17	18 A 25
• Los niños son discipulados por sus padres.	• Los padres son un modelo importante, al igual que los líderes y maestros.	• Los padres modelan.	• Los padres y líderes delegan autonomia
• Los padres son el modelo más claro a seguir.	• Los padres deben conseguir otros adultos para apoyar su labor.	• Los líderes son mentores.	• Los lideres deben ser mentores de vida y coaches en decisiones especificas.
• Los líderes apoyan el liderazgo de los padres.	• El contacto con adolescentes positivos es vital.	• Los padres deben relacionarse con los amigos de sus hijos.	• El contacto con matrimonios jóvenes de buen testimonio es vital.
• El contacto con preadolescentes es vital.		• El contacto con jóvenes que sean buenos modelos es vital.	

ALGUNOS CAMBIOS DE PARADIGMAS:

- La función de los padres va cambiando conforme avanzan las edades.

- Los líderes sin los padres no pueden llegar demasiado lejos.

- Los padres deben aprender a apoyarse en los líderes.

IMPLEMENTA IDEAS QUE CAMBIEN LA CULTURA:

- Establece un buen ritmo de reuniones con los padres según la edad de tu público.

- Promueve reuniones de padres e hijos más seguido. La interacción que eso produce rescata el diseño de Dios para la Iglesia.

- Como discipulador, debes pensar siempre en cada discípulo dentro de un contexto familiar. Siempre habrá gente cercana que puede ser una buena influencia para el desarrollo de aquel a quien estás discipulando.

- Que los padres no cristianos se enteren que la iglesia está para servirlos a ayudarles en su paternidad.

EL PRINCIPIO DEL ESPEJO

«El discipulado es el proceso de convertirte en quien sería Jesús si él fueras tú».

Dallas Willard

El apóstol Juan puso este principio en claro: *«El que afirma que está unido a Dios, debe vivir como Jesucristo vivió».* **(1 Juan 2:6)**

El primer gran compromiso de quienes nos entregamos al proyecto del discipulado es reflejar a Cristo en todo: su carácter, pasión, decisión, voluntad y transparencia. Por eso se dice que nadie puede discipular si primero no es un discípulo. Aquel que está dispuesto a ser un discípulo intenta parecerse cada día más a Jesús puesto que Él vino, a su vez, a reflejar al Padre. Como dice Pablo, Cristo es la imagen del Dios invisible (Colosenses 1:15).

El segundo gran compromiso es contagiar a otro a parecerse también a Jesús y por esta razón tenemos una responsabilidad emocionante y descomunal que en ocasiones nos puede intimidar, por lo cual también debemos aprender de Jesús su dependencia de Dios. En Juan 15:15 lo encontramos diciendo: «Yo soy la vid y ustedes son las ramas. El que está unido a mí, como yo estoy unido a él, dará mucho fruto. Si están separados de mí no pueden hacer nada».

Qué bueno saber que tenemos un Dios grande y poderoso y que renueva por nosotros su misericordia continuamente porque la necesitaremos en este proceso. Si dependemos de Él en el proyecto del discipulado, ¡seguro tendremos éxito!

Si lo piensas bien, verás que la creación tiene ese diseño. Todo aquello que Dios creó tiene su sello de propiedad. Todo se parece a Él. Todo fue hecho por Él, por medio de Él, y para Él. El Génesis relata la historia de la creación del ser humano diciendo que fue hecho «a imagen y semejanza de Dios». Es decir, fue creado como un espejo que lo refleja a Él y partir de este principio podríamos diseñar un proceso de discipulado de la siguiente manera:

1. Conozco un aspecto del carácter de Cristo. Por ejemplo: el amor.

2. Anhelo parecerme a Él en ese aspecto.

3. Dejo de amar a mi manera, para comenzar a amar como Él amó.

4. Batallo contra los argumentos que me impidan amar como Él amó.

5. Vivo y practico su amor.

6. Enseño a otros a amar como Él.

7. Luego elijo otro aspecto del carácter de Cristo para imitar... y así vuelve a comenzar todo el proceso.

De esta manera, el proceso de discipulado durará, en realidad, toda la vida porque en cada aspecto podemos encontrar una nueva profundidad en la siguiente etapa y qué bueno poder trabajarla con quienes tengamos a cargo.

ALGUNOS CAMBIOS DE PARADIGMA:

- Reflejar a Jesús en nuestra propia vida es más importante que dar un buen sermón o clase acerca de Jesús. Eso significa morir a mí mismo para que Él viva en mí.

- Toda la creación fue hecha a imagen de Dios y debemos y podemos recuperar ese diseño.

- Reflejar a Cristo no es un sentimiento o un dicho romántico para una linda canción sino una acción concreta en la que modelas su carácter.

IMPLEMENTA IDEAS QUE CAMBIEN LA CULTURA:

- Elije aspectos específicos del carácter de Jesús para reflejar, comprender y desarrollar.

- Elabora un plan progresivo y ordenado de enseñanza. Coloca carteles que digan algo como: «Este es el mes del amor». Puedes usar videos e imágenes con este fin, y pueden darse testimonios sobre experiencias de dar y recibir amor, así todos los involucrados en el proyecto de discipulado tienen en claro el objetivo tangible que se está trabajando.

> **REFLEJAR A CRISTO NO ES UN SENTIMIENTO O UN DICHO ROMÁNTICO PARA UNA LINDA CANCIÓN SINO UNA ACCIÓN CONCRETA EN LA QUE MODELAS SU CARÁCTER**

ACTIVIDADES CON PROPÓSITO

«Recrearnos no es un lujo, es una necesidad de todo seguidor de Jesús para poder continuar siendo agentes de restauración y reconciliación en un mundo roto».
Félix Ortiz

Cuando salimos mentalmente del templo, el aula y la liturgia nuestro panorama se amplía al punto que encontramos nuevos escenarios y posibilidades para lograr el gran propósito del discipulado, que es que la gente que afectamos se parezca más a Jesús.

Para los mejores discipuladores todo se realiza con un propósito, tanto las relaciones y conversaciones espontaneas en cada oportunidad disponible, como los buenos programas que faciliten la internalización de las conductas deseadas.

Algunas de estas actividades serán para fortalecer la relación personal o de un grupo pequeño. En cambio, otras deberán incluir a la comunidad. Así es como les enseñamos a los niños, preadolescentes, adolescentes y jóvenes a ser un cuerpo. Allí se pondrán en evidencia también los problemas del carácter y aprenderán a apoyarse unos a otros. Entonces, los discipuladores estarán pendientes de las reacciones de los discípulos para seguir formando a Cristo en ellos, y también los discípulos tendrán el ojo puesto en sus discipuladores para imitarles. En esas situaciones te darás cuenta de que ellos te miran más de lo que imaginas.

Recuerda que no se trata de ideas creativas para que sean creativas, o actividades espectaculares con el afán de que sean espectaculares. Desde el punto de vista

PIDÁMOSLE A DIOS SABIDURÍA PARA LOGRAR QUE CADA ACTIVIDAD SE ALINEE A SUS INTENCIONES PARA NUESTROS MINISTERIOS

del discipulado, aun la espectacularidad de un programa es sencillamente como herramienta pedagógica (y no para que te luzcas). Los objetivos de fondo son favorecer convivencia, crear interés y facilitar lecciones prácticas en las que modelar principios.

Piensa en todas estas actividades desde las perspectivas del propósito del discipulado y les encontrarás una nueva dimensión:

- Una caminata al aire libre

- Practicar un deporte

- Subir una montaña

- Nadar juntos

- Plantar o cuidar una planta o árbol

- Leer un libro

- Visitar enfermos, ancianos o huérfanos

- Ver una película

- Ir al teatro, circo, danza, etc.

- Realizar un proyecto de carpintería

- Tocar o cantar una canción que puedan analizar juntos

- Visitar a un familiar

Las posibilidades son ilimitadas.

Pidámosle a Dios sabiduría para lograr que cada actividad se alinee a sus intenciones para nuestros ministerios.

ALGUNOS CAMBIOS DE PARADIGMAS:

- La recreación, el juego y la convivencia son excelentes herramientas ministeriales cuando se hacen con propósito.

- Las actividades planificadas fuera del templo son tan ricas y necesarias como las que suceden dentro.

- El discipulado no se reduce a que escuchen sino que debemos lograr que vean y hagan y por eso es necesario crear estas instancias con nuestros programas.

IMPLEMENTA IDEAS QUE CAMBIEN LA CULTURA:

- Planifica a largo plazo y comparte el plan con todos los que puedas.

- Presenta un informe público de todas las actividades que realices fuera del templo. Siempre es mejor cuando todos se van enterando de las riquezas que se consiguen en el discipulado personal.

- Transmíteles con insistencia a todos los involucrados en tu ministerio la idea de que tu misión no es que escuchen una proposición bíblica en silencio y digan amén. Promueve una cultura de convivencia, acciones y experiencias y no solamente de sermones y clases.

EL LLAMADO ES PARA TODOS

«El discipulado no es una opción».

Tim Keller

Pensar que solo los pastores tienen el llamado de discipular a otros es una tontería. La gran comisión de ir y hacer discípulos (Mateo 28:16-20, Marcos 16.14-18, Lucas 24.36-49 y Juan 20.19-23) fue dada a todos los discípulos.

Si reconocemos a Jesús como nuestro salvador y Señor entonces tenemos un llamado al discipulado.

Todos los cristianos debemos discipular, y hacerlo es uno de los regalos más tremendos que podemos hacerle a nuestro crecimiento porque todos aprendemos enseñando. Todos hemos recibido algo que podemos dar y hemos aprendido algo que podemos enseñar. En el camino, algunos se llenan de temor, o de justificaciones, pensando que hay que prepararse mucho o que pueden cometer algún error, pero la noticia es que todos estamos en proceso de aprendizaje porque nunca dejamos de ser discípulos, y claro que vamos a cometer errores. Eso no es ni una novedad ni una tragedia.

Si Cristo confía en nosotros para esta tarea, debe ser porque podemos hacerlo.

Si la iglesia continúa con el pensamiento de que un sermón es suficiente para hacer discípulos, entonces seguiremos viendo pastores agotados y continuaremos convirtiendo a los buenos predicadores en celebridades porque hablan bien aunque no consigan lo que Dios quiere que consigamos. Dios quiere discípulos y no personas

SI RECONOCEMOS A JESÚS COMO NUESTRO SALVADOR Y SEÑOR ENTONCES TENEMOS UN LLAMADO AL DISCIPULADO

con buena moral y algo de conocimiento bíblico que se porten como cristianos en un templo el fin de semana.

Discípulos.

Los sermones, los cantos y el templo son herramientas y no objetivos y cuando son bien usados ayudan a que produzcamos... discípulos de Jesús. Y qué gran noticia es que hay otras herramientas y mecanismos modelados por el mismo Jesús para lograrlo.

Y ahí aparece la acción más importante de todas: modelar, ser modelo. Algo que los adultos y aún los jóvenes siempre hacemos para las nuevas generaciones aunque no seamos conscientes de que lo hacemos. Toda la propuesta del Liderazgo Generacional está ligada a esta realidad y nos invita a ser intencionales con ella. Todos los adultos cristianos están involucrados en el discipulado de los jóvenes aunque quizás sin saberlo. Los jóvenes están listos para discipular a los adolescentes porque ya les están modelando de qué se trata la siguiente etapa y los adolescentes, a su vez, están haciendo lo mismo con los preadolescentes y los preadolescentes son mirados por los niños. Es un proceso natural y es mucho más eficaz cuando somos conscientes y lo hacemos con devoción, astucia y fidelidad.

ALGUNOS CAMBIOS DE PARADIGMA:

- El discipulado es tarea de todos los hijos de Dios.

- Los pastores y líderes que no muevan a todos a discipular, tarde o temprano se agotarán o caerán en la superficialidad, o ambas cosas.

- El discipulado es algo que ya podemos estar haciendo sin darnos cuenta pero que podemos mejorar exponencialmente si lo comenzamos a hacer de manera intencional.

IMPLEMENTA IDEAS QUE CAMBIEN LA CULTURA:

- La importancia del discipulado debe comunicarse en privado y en público y continuamente.

- Delega autoridad y no solo trabajo en tu equipo de trabajo y voluntarios.

- Celebra lo que Dios celebra y no lo que ya celebra el mundo (como la fama, la afinación, la belleza o la elocuencia).

- Involucra en el ministerio y el discipulado a las nuevas generaciones a edad temprana. Ellos ya nos están mirando.

10 LECCIONES PARA DISCIPULAR NIÑOS

La etapa de la niñez es una fase de fundamentos, y estamos obligados a acompañarlos de manera sabia ya que cuando discipulamos niños estamos fortaleciendo las bases del carácter y los valores que regirán su vida en el futuro. Cada lección que se trate con ellos, cada reunión, cada espacio de mentoreo y acompañamiento, debe ser un momento intencional para afirmar su vida y sus ideas básicas respecto a la vida en la roca que es Cristo.

Las siguientes lecciones están diseñadas bajo la secuencia o modelo «AFIRMA», que obedece al proceso desarrollado en el siguiente acróstico:

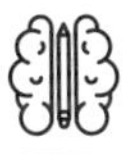 **A**valancha de ideas

 **F**undamentos del tema

 **I**lumínate con la verdad

 **R**eflexiona sobre la frase

 **M**edita en un personaje

 **A**cciones concretas

El modelo «AFIRMA» facilita un proceso de discipulado en el que tanto el discipulador como el discípulo son desafiados a crecer y madurar.

Estos son los detalles de cada paso:

1. **A**valancha de ideas. Aquí realizaremos actividades que ayuden a los niños a comenzar a pensar sobre el tema propuesto. Estas no serán actividades aisladas, o simples rompehielos sino parte de un todo dentro del proceso.

2. **F**undamentos del tema. Este es un compendio de elementos teóricos que te ayudarán a clarificar ideas y a generar un sustento científico, filosófico y práctico sobre el tema de la lección.

3. **I**lumínate con la verdad. Esta sección contiene el sustento bíblico necesario para formar a los niños en los principios de la palabra de Dios y abordar el tema desde ella. Todas las lecciones apuntan a que ellos puedan encontrar en la Escritura las respuestas a todas las problemáticas de la vida.

4. **R**eflexiona sobre la frase. En esta porción les daremos a los niños frases cortas que nos permitan sintetizar lo que queremos que ellos aprendan. En cada oportunidad puedes recitarles la frase y repetirla a lo largo de la semana para que los niños la vayan aprendiendo. ¡Cada frase resume el núcleo de la lección que queremos que recuerden por siempre!

5. **M**edita en un personaje. En esta sección reflexionaremos con los niños sobre dos personajes. El primero será un personaje de fantasía conocido por los niños, y luego les presentaremos un personaje bíblico. En ambos casos se les pedirá evaluar si este personaje tiene cualidades para ser un modelo, ya sea positivo o negativo.

6. **A**cciones concretas. En este punto la idea es generar un listado de acciones específicas que se plantearán entre el discipulador y el discípulo para ser ejecutadas luego de haber terminado la lección. La intención es que el tema tratado no se quede en un recuerdo borroso, sino que podamos movilizar a cada niño y niña a poner en práctica lo aprendido. Esta

sección también te motivará a ponerte en contacto con los padres de los niños para trabajar en conjunto con ellos.

Esta misma secuencia también te servirá para crear otros temas y lecciones, o para potenciar otros materiales de www.e625.com a los que puedas acceder.

Y recuerda: el discipulado es un proceso a largo plazo.

¡GRAN IDEA!

Pide a cada uno de los participantes en este proceso que elijan un cuaderno o agenda para ir trabajando en él una bitácora y anticipa si lo pueden conseguir o puedes juntar el dinero para comprarles a todos con algunos padres y regalárselos con un logo del ministerio.

Podrías llamarla «BITÁCORA DEL DISCÍPULO». En ella los niños y niñas podrán tomar notas, realizar dibujos, escribir sus ideas, y también podrán anotar y rendir cuentas de lo que planean hacer durante la semana, obteniendo así una buena coordinación entre padres, discípulos y discipuladores. ¡Esta idea es útil para que estas lecciones no se queden simplemente en un asistir a clases, sino que sea un verdadero proceso de discipulado que produzca crecimiento genuino en las nuevas generaciones! Pídeles a sus padres que se involucren con los niños en decorar esta bitácora, para que sea llamativa al gusto de cada niño y niña.

(Ten anotadores de regalo y hojas extra para cuando llegan niños nuevos o alguno no trae su bitácora).

ENTRENAMIENTO PREVIO PARA DISCIPULADORES:

Suponemos que llegas hasta aquí habiendo leído la Sección 1 de este material pero por las dudas, y tan solo para asegurarnos, te contamos que en la primera parte de este libro cuentas con la guía de entrenamiento para aquellos que toman el reto de discipular a las nuevas generaciones.

Un discipulador puede ser un líder del grupo de niños, un líder de un grupo pequeño, o un maestro de escuela dominical o iglesia infantil, pero también puede ser cualquier persona que haya sido capacitada y autorizada por la pastoral para el ejercicio del discipulado. De hecho, los padres son los primeros llamados a discipular a sus hijos.

Este proyecto intenta movilizar a más personas para que tomen el desafío de no seguir sentadas en una comodidad religiosa, sino que sean de ayuda a las nuevas generaciones, tal como fue el diseño de Cristo, a tiempo y fuera de tiempo, dentro y fuera de los templos, dentro y fuera de las reuniones.

ANTES DE EMPEZAR

Ahora que estás por comenzar este proyecto de discipulado para niños es bueno que tomes en cuenta ciertas directrices:

SI ERES PAPÁ O MAMÁ DE UNO O MÁS NIÑOS...

Este material está diseñado para trabajar en un grupo pequeño de niños y niñas. El número ideal podría ser entre 6 y 10 participantes por grupo (y si tienes más, dividirlos en grupos pequeños incorporando a otros líderes en el proceso). Podrías completar un grupo con tus hijos y otros más que estén cerca y ya sean amigos de ellos. Sin embargo, si deseas trabajar con tus hijos en este proceso pero no tienes un grupo, puedes adaptar cada lección modificando un poco las actividades en grupo para que funcionen con un número menor de participantes, o simplemente no hacerlas. En todo caso te recomendamos mirar la lección completa, estudiarla, y prepararte con varios días de anticipación.

También deberás establecer un día y una hora para poder tener las reuniones semana tras semana. No es conveniente trabajar las lecciones de forma acelerada, sino que estaría bien una vez por semana, y quizás hasta una vez cada quince días. Eso dependerá de la consistencia del grupo o de la forma en que te organices con tus hijos.

SI ERES MAESTRO O LÍDER DE NIÑOS...

La preparación previa es fundamental, y multiplica el porcentaje de buenos resultados en el proceso de discipulado.

El material de este libro está diseñado para reuniones que pueden durar entre 60 y 90 minutos. Sin embargo, puedes adaptar las lecciones para que duren lo que tú necesites, de acuerdo al tiempo del que dispongas.

Si vas a usar este material para clases de Escuela Dominical (o el nombre que tu iglesia prefiera), deberás adaptar la lección para el tiempo que dure ese espacio. Podrías prescindir de alguna de las porciones, o enviar ciertas actividades para que sean realizadas en casa. Para eso, la BITÁCORA DEL DISCÍPULO podrá ser de gran ayuda. Una libreta simple donde ellos puedan hacer las anotaciones, llevar un registro de sus avances, e incluso apuntar tareas y metas personales, le dará continuidad al proceso. También puedes usarla para estar en contacto con los padres de tus niños.

ADAPTA Y ENRIQUECE ESTE MATERIAL

Cada lección contiene toda la información que necesitas para enseñar a participantes sobre el tema propuesto. Sin embargo, siempre es recomendable aumentar, disminuir, o cambiar detalles si lo consideras necesario porque nadie conoce a tu grupo como tú.

Si bien es cierto que la opción más común que tenemos para trabajar con los niños es el momento de la Escuela Dominical (que dura unos 40 a 50 minutos aproximadamente), esta no es la única alternativa que tenemos para discipular. Puedes convocar a una reunión en otro día de la semana, o incluso hacer una reunión virtual. ¡No te limites por la tradición!

Importante: El tiempo que inviertas en cada parte de la lección dependerá de lo que hayas programado. Si tienes menos tiempo, puedes acortar alguna de las partes más extensas. De todas maneras, te sugerimos no quitar ninguna parte. Es mejor que tengan la experiencia completa en pequeñas porciones, que solo una enseñanza fugaz y superficial que luego olvidarán.

Algunas ideas extras para enriquecer las lecciones son:

- **Música:** La música mueve corazones, y con los niños no es la excepción. Usa una canción con coreografía para empezar y terminar cada lección. Así los niños empezarán y terminarán la reunión conectados y con el espíritu dispuesto.

- **Trae invitados:** No pienses que siempre debe recaer sobre ti toda la carga de la reunión. Invita de vez en cuando algunos adolescentes o preadolescentes para que te apoyen en las canciones, con disfraces, para contar cuentos, o simplemente para compartir el momento.

- **Ve a tu ritmo:** No necesitas apurarte y hacerlo todo de una vez. Si consideras que la información es importante, puedes dividirla en dos semanas o más. Si una semana haces los 3 primeros puntos, la siguiente puedes hacer los otros 3. Solo asegúrate de armar cada vez un proceso de aprendizaje creativo y variado.

- **Usa tu creatividad:** Despierta la imaginación de los pequeños. ¡Usa todos los sentidos que puedas en cada oportunidad! No uses el material como algo rígido, sino permite que se acople a tus necesidades.

¡Te deseamos lo mejor en esta aventura! ¡Qué tengas un inicio espectacular en esta hermosa tarea de hacer discípulos desde la niñez!

LECCIÓN 1

¿QUIÉN ES UN DISCÍPULO?

«La transformación es un proceso, un viaje, más que una decisión única y cuanto antes comienza, mejor».

David Kinnaman

¿Quién es un discípulo?

Dependiendo la edad de tus niños y niñas y su tiempo en la iglesia, quizás logres que algunos de ellos lleguen a decirte que «un discípulo es un aprendiz o un estudiante» o, «es alguien que sigue a Jesús», y cosas similares pero el objetivo de este Proyecto es que al escuchar esa pregunta puedan responder: «yo».

La meta de este material es poder ayudar a cada niño y cada niña a *identificarse a ellos mismos* como discípulos. De nada les servirá saber lo que una palabra significa si no se identifican con ella y la experimentan.

Por eso, apuntando a que los niños y niñas de tu grupo de discipulado no solo aprendan lo que es un discípulo sino que puedan convertirse en discípulos por el resto de sus vidas, es que comenzamos el proyecto por aquí.

AVALANCHA DE IDEAS

Las actividades introductorias son ideales para conectar al grupo con el tema que se va a tratar. Esta vez iniciaremos con una actividad que llamaremos «Los aprendices».

Recuerda que cada actividad debe ser planeada considerando la edad de tu grupo. Si tienes niños de 9 o 10 años puedes usar elementos y dinámicas más complejas, y si tu grupo es de niños y niñas de 6 años deberás usar elementos más básicos acorde a su nivel. En cualquier caso, la actividad propuesta puede adaptarse a las diferentes edades de manera que en cualquier grupo pueda realizarse.

ACTIVIDAD: LOS APRENDICES

Planea un escenario de cocina. Puedes crear «la cocina del Chef Graseoli» o inventar cualquier otro nombre que sea gracioso para ellos. Durante la actividad, tú serás ese personaje. Usa un disfraz de chef, con un sombrero bien llamativo. Puedes ponerte también unos grandes bigotes, como los del típico chef italiano. O tal vez elijas ser un refinado y exquisito chef francés. Habla de manera exagerada y graciosa, y con algún acento especial (italiano, francés, o lo que sea). Enciende un reproductor con música adecuada para que también ayude a generar el ambiente que deseas.

Consigue también algunas batas, o pídeles a los padres que envíen un delantal o mandil con sus hijos a la reunión. Esto debe planificarse con anticipación.

La idea para esta actividad es que tú tengas instrucciones bien definidas de lo que les quieres enseñar, y que ellos puedan sentirse como si fueran verdaderos aprendices de chef. Ese ambiente lo generarás tú.

Elige algo que quieras enseñar a tu grupo. Algunas ideas son:

- Traer galletas y enseñarles a decorarlas con glaseado.

- Que cada uno traiga un poco de fruta picada para hacer una gran ensalada de frutas. Puedes añadir crema para darle un toque especial.

CONSEJOS:

- Métete en el personaje. Mientras más llamativo sea para ellos, más disfrutarán la actividad.

- La comida no es lo importante. No importa tanto si ellos hacen grandes diseños o no; más bien trata de crear un contacto relacional con ellos.

- Con palabras del personaje de chef que inventaste, resalta cualidades positivas en ellos. ¡Diles que sus diseños son lo mejor, y que son excelentes aprendices!

Durante el desarrollo de la actividad, dales instrucciones simples a seguir. Por ejemplo, puedes decirles que el Chef Graseoli está buscando aprendices que hagan lo siguiente:

- Siempre que hablen con el chef lo llamarán por su nombre (Chef Graseoli).

- Cuando reciban un elogio deberán decir: «Muchas gracias, Chef Graseoli».

- Cuando algo se ensucie o se caiga, deberán limpiarlo o levantarlo de inmediato.

- Deben hacer todo lo que el Chef Graseoli haga, pues son sus aprendices.

Durante la actividad repíteles varias veces que ellos son tus aprendices y que son excelentes para aprender y para seguir instrucciones. Resalta el hecho de que ellos ahora son discípulos del Chef Graseoli y que en el futuro podrían tener una gran carrera como chefs. Al final, termina la actividad con un aplauso grande y mucha algarabía: aplausos para el chef, aplausos para ellos, etc.

Otra forma de llevar a cabo esta actividad es pedirle a alguien con cualidades histriónicas que colabore interpretando este personaje. Tú podrías, entonces, presentar «a este famoso chef que ha venido de visita para enseñarnos a preparar uno de su deliciosos platos». Recuerda, la clave no es que hagan el mejor diseño, sino que se sientan parte de un grupo que les acoge y, además, que sea un momento divertido.

Mientras todos comen las galletas, la ensalada de frutas, o lo que hayas elegido preparar, pregúntales cómo se sintieron y cuál fue su experiencia en esto de aprender a cocinar.

- ¿Qué les pareció el Chef Graseoli?

- ¿Quién siguió mejor las instrucciones?

- ¿De todos los aprendices, cuál creen que será el mejor chef en el futuro?

Y ahora anúnciales que hoy vamos a hablar de quién es un discípulo.

FUNDAMENTOS DEL TEMA

Esta sección es para ti aunque también podrás traducir algunas ideas fundamentales a los niños de tu clase. Una vez más, considera la edad de ellos para adaptar cada una de las secciones a sus necesidades y posibilidades.

El principio de ser instruido, enseñado o entrenado se muestra en las Sagradas Escrituras en palabras hebreas como *limmúd* o *lamád*, o la palabra griega *mathetes*. Todas estas palabras apuntan a lo mismo: a acciones que llevan a alguien a acostumbrarse a hacer algo que antes no hacía. Esto es muy importante. En el sentido más simple se refiere a crear un hábito que antes no tenía y no solo a entender una verdad.

La palabra «discípulo» en la cultura hebrea se dice con el vocablo *talmid* por lo que un *talmid* (discípulo) tiene la meta de ser *lamád* (instruido), para crear hábitos que antes no tenía y que le ayuden a asemejarse a su maestro.

En este punto conviene que, como discipulador, te hagas las siguientes preguntas: ¿Cómo puedo ser yo un mejor imitador de Jesús? ¿Qué hábitos debo añadir a mi vida?

De eso se trata ser discípulo y ser discipulador: de alguien que aprende de cerca de un maestro y atrae a otros a aprender también. Si imitamos a Jesús somos sus discípulos y si lo hacemos bien, atraeremos a otros a serlo también.

Enseña a tus niños que:

- La palabra hebrea para discípulos es «*talmid*» (el punto no es que sepan una palabra hebrea sino que les ilustres a pensar más allá de lo que saben).

- Un discípulo es alguien que está dispuesto a aprender.

- Un discípulo imita al Maestro en todo lo que hace.

- Un discípulo de Jesús busca parecerse cada vez más a Jesús.

📖 ILUMÍNATE CON LA VERDAD

Consigue algunos carteles o láminas para proyectar y que sirvan para ejemplificar lo que estás enseñando. La ayuda audiovisual es útil a cualquier edad, pero muy especialmente cuando trabajamos con niños ya que por diseño de Dios ellos tienen pensamiento concreto. Debido a esto, la ayuda visual sirve para que los niños entiendan mejor y es ideal usar ejemplos visibles cuando aparezcan palabras o situaciones y sobre todo, conceptos que ellos no conozcan.

Vean juntos la siguiente lista...

¿Qué nos dice la Biblia acerca de cómo era Jesús?

- Amaba a la gente.
  «Así como el Padre me ama a mí, así también yo los amo a ustedes. No se aparten de mi amor». (Juan 15:9)

- Era compasivo.
  «Al ver a las multitudes, sintió compasión de ellas, porque eran como ovejas desamparadas y dispersas que no tienen pastor». (Mateo 9:36)

- Era manso y humilde.
  «Lleven mi yugo y aprendan de mí, que soy manso y de corazón humilde. Así hallarán descanso para el alma». (Mateo 11:29)

- Era obediente a su Padre.
  «Padre, si quieres, no me hagas beber este trago amargo. Pero que no se haga lo que yo quiero, sino lo que tú quieres». (Lucas 22:42)

- Era honesto.
  «Decidieron enviar a algunos de sus hombres, juntamente con algunos herodianos, a formularle algunas preguntas. —Señor —le dijeron—, sabemos que amas la verdad y que la enseñas sin miedo a las consecuencias». (Mateo 22:16)

- Oraba todo el tiempo.
  «Sin embargo, Jesús se hacía cada vez más famoso, y mucha gente iba para oírlo y para que la sanara de sus enfermedades. Pero él con frecuencia se apartaba a lugares solitarios para orar». (Lucas 5:15-16)

- Denunciaba la maldad.
  «Les dijo: —Escrito está: 'Mi casa será casa de oración'; pero ustedes la han convertido en 'cueva de ladrones'». (Lucas 19:46)

- Servía a los demás.
  «Recuerden que yo, el Hijo del hombre, no vine para que me sirvan, sino para servir y dar mi vida en rescate de muchos». (Mateo 20:28)

- Conocía bien la Palabra de Dios.
  «Jesús recorrió toda Galilea enseñando en las sinagogas, proclamando las buenas noticias del reino y sanando las enfermedades y dolencias de la gente». (Mateo 4:23)

- Daba esperanza.
  «El ladrón sólo viene a robar, matar y destruir. Yo he venido para que tengan vida, y para que la tengan en abundancia». (Juan 10:10)

Pide a tus niños que reflexionen en estas características en voz alta y que algunos de ellos (o todos según la cantidad) elijan dos que quieran imitar.

Luego recuérdales a todos que nuestra meta como discípulos es parecernos más a Jesús, y que esa lista nos ayudará para ese propósito. (Volveremos a esta lista en la última parte de esta lección).

NUESTRA META COMO DISCÍPULOS ES PARECERNOS MÁS A JESÚS

 ## REFLEXIONA SOBRE LA FRASE

Esta es una frase que puedes usar varias veces durante el desarrollo de la lección. La frase resume todo el contenido de la lección, y si hay algo que quieres que los niños y niñas recuerden luego de cada lección, es precisamente lo que la frase resume.

Anima al grupo a repetir esta frase contigo:

Cuanto más me parezco a Jesús, mejor discípulo soy.

Por supuesto, no bastará con que tú les repitas la frase. Haz que ellos la repitan y no necesariamente solo con palabras literales sino por ejemplo con dibujos. Lo que quieres es que la apropien.

Para eso está esta sección: para que ellos puedan hacer ese ejercicio intelectual y asimilen en su corazón el significado y las implicancias de la frase que se les presenta en cada lección.

En este caso puedes ayudarles con algunas preguntas:

- ¿Qué significa esta frase para ti?

- ¿En qué cosas debemos parecernos a Jesús?

- ¿Cuáles son sus mejores cualidades?

- ¿Qué cosas hacía Jesús que tú todavía no haces?

NOTA: Si ya pediste a cada niño y niña que tenga listo un cuaderno o libreta para que sea su BITÁCORA DEL DISCÍPULO, indícales que escriban bien grande esta frase allí.

 MEDITA EN UN PERSONAJE

Recuerda que puedes elegir ambos personajes o solo uno de ellos como ejemplo para el tema. La decisión dependerá de cuánto tiempo tengas para la reunión y cuánto desees profundizar en cada personaje propuesto.

Puedes leerles el texto aquí expuesto, o inspirarte en él para narrarles la historia. Usa fotografías, láminas, o un proyector con imágenes. ¡Eso siempre ayuda! También puedes emplear disfraces o máscaras para interpretar al personaje mientras narras su historia.

BATMAN, ROBIN, Y BATICHICA

Él viste un traje oscuro y en su capucha se ven unas orejas iguales a las de un murciélago. ¿Qué hace Batman? Vigila Ciudad Gótica para que ninguno de los villanos de turno consiga sus propósitos malvados. Pero no es fácil vigilar una ciudad tan grande y con tantos problemas sin tener ayuda, y aunque Batman nunca lo pidió, el destino le dio un aliado, un compañero de aventuras, un discípulo a quien enseñarle lo que un héroe necesita saber para hacer justicia...

Así llegó Robin. Él es el aprendiz de Batman. De este modo, el hombre murciélago tiene a quien enseñarle todo lo que sabe, y Robin tiene un maestro de quien aprenderlo todo. El joven discípulo muchas veces se equivoca, pero allí está Batman para ponerlo otra vez en el camino correcto.

Y con Batichica pasa lo mismo. Ella llega sin previo aviso y se une al equipo. Tiene muchas cualidades propias, y es valiente al igual que los otros dos, pero también es consciente de quién es el que lidera y sabe que tiene que aprender a seguirlo.

Además, hay otra cuestión que vale la pena resaltar. Batman es el líder, valiente y sagaz, pero de cuando en cuando, en momentos difíciles, tiene que pedir consejo a alguien como Alfred, su anciano mayordomo, que cuenta con la sabiduría que traen los años.

PREGUNTAS PARA LOS DISCÍPULOS:

- ¿Qué es Robin de Batman? ¿Y Batichica?

- ¿Conoces algún otro ejemplo de superhéroes con discípulos? ¿Cuál?

- ¿Qué tendrían que imitar Robin y Batichica de Batman?

A medida que vas hablando de los personajes y haciendo las preguntas, es bueno que puedas lograr interacción con tus niños y niñas. Pídeles, por ejemplo, que levanten la mano si elegirían ser como Batman, o como Robin y Batichica, es decir si prefieren enseñar o aprender.

Antes de terminar, asegúrate de decirles que, como discípulos de Jesús, todos vamos a aprender de Él y también todos vamos a enseñar a otros lo que hemos aprendido.

JUAN

Dicen que él era el discípulo más joven de Jesús. Se cuenta que era tan cercano al maestro que cuando estaban descansando, Juan posaba su cabeza sobre el pecho de Jesús. Ellos eran amigos íntimos, sí, pero Juan nunca dejó de ser su discípulo. Y aunque Juan no fue el que caminó sobre el agua, ni tampoco de los que se peleaban por estar en un lugar de privilegio en el cielo, él fue quien recibió los mayores secretos sobre el reino de los cielos.

El evangelio que escribió Juan es llamado «el evangelio del amor» y allí Juan se hace llamar «el discípulo amado». Él también recibió revelación sobre cosas espirituales muy profundas en el libro de Apocalipsis, y además pudo escribir algunas cartas a las comunidades cristianas de aquella época.

Juan anduvo con Jesús desde los inicios de su ministerio terrenal, y nunca dejó de ser un discípulo. Él siguió siendo un discípulo incluso cuando fue muy, muy anciano.

PREGUNTAS PARA LOS DISCÍPULOS:

- ¿Qué cosas hacen de Juan un buen discípulo?

- ¿Qué cosas de Juan podemos imitar?

 ACCIONES CONCRETAS

Este es un buen momento para sacar la bitácora. Si todavía no escribieron la frase para recordar, este es un buen momento para hacerlo y también vas a agregar un versículo para memorizar:

«Así como el Padre me ama a mí, así también yo los amo a ustedes. No se aparten de mi amor». (Juan 15:9)

Muestrales ese versículo en grande, entrégales copias y puedes con un cartel y tapando algunas partes para que traten de memorizarlo de a poco.

Recuerda que para poder lograr un trabajo en profundidad con los niños debes estar en contacto con sus padres para coordinar, por ejemplo, actividades como esta. No se trata de ponerles una carga que no puedan llevar, que sea gravosa, o que les quite demasiado tiempo. El propósito es que tengan presente la meta espiritual de la semana como algo concreto sobre lo cual trabajar en su crecimiento como discípulos, así que dales a los padres la frase y el versículo para que los repitan en casa.

Mira el siguiente cuadro (más abajo te indicaremos qué hacer con él). Aquí se retoman las cualidades de Jesús que vimos antes en la lección, y para cada cualidad se lista un ejemplo de aplicación personal. Dicho de otro modo, la segunda columna responde a la pregunta: ¿Qué podría hacer yo para parecerme a Jesús en este aspecto?

¿CÓMO ERA JESÚS?	MI META DE LA SEMANA
Amaba a la gente.	Demostrarle amor o afecto a alguien.
Era compasivo.	Dar una ofrenda a alguien que necesite.
Era manso y humilde.	Actuar con paciencia y sin orgullo.
Era obediente a su Padre.	Ser obediente a mis padres.
Era honesto.	Decir siempre la verdad.
Oraba todo el tiempo.	Buscar alguien para orar juntos cada día.
Denunciaba la maldad.	Contarles a mis padres si veo algo que no es justo o no es correcto.
Servía a los demás.	Hacer al menos un acto de servicio durante la semana.
Conocía bien la Palabra de Dios.	Aprenderme un versículo de la Biblia durante la semana.
Daba esperanza.	Animar a alguien que esté desanimado.

INSTRUCCIONES:

- Haz una copia de este cuadro para cada discípulo en tu grupo. Puedes fotocopiarlo, o tomarle una foto a la página del libro e imprimir tantas copias como necesites. También, si quieres hacerlo más elaborado, puedes diseñar tu propio cuadro con imágenes.

- Pídeles que elijan una hoja de la BITÁCORA DEL DISCÍPULO y que coloquen el título «LECCIÓN 1: ¿Quién es un discípulo?».

- Pídeles que peguen allí el cuadro que previamente les has preparado.

- Luego indícales que cada uno elija una de las cualidades de Jesús para que esa sea su meta personal de la semana. Si eligen, por ejemplo, la obediencia, entonces deberán demostrar esa cualidad durante toda la semana. Pueden subrayar o pintar la palabra elegida para que no la olviden.

Que se lleven a su casa la frase clave de la lección no solo en la bitácora sino que entrégales algún tipo de tarjeta o señalador con ella.

Cuanto más me parezco a Jesús, mejor discípulo soy.

Antes de finalizar, explícales que durante la semana pueden ir registrando en la bitácora sus avances por medio de escrituras o dibujos. Haz hincapié en que este cuaderno es personal de cada uno, ya que será como su «diario de viaje» y en él irán anotando el camino que recorren en esta travesía.

Al terminar la lección ora por cada niño y niña en tu grupo, para que anhelen parecerse cada día más a Jesús y puedan ir dando pasos concretos para avanzar hacia esa meta. (Si puedes decir cada nombre mejor, y si son muchos divídelos en grupos más pequeños y usa a tus voluntarios para hacer esto).

LECCIÓN 2

LA BIBLIA ES UNA AVENTURA

«La Biblia no es la palabra del hombre sobre Dios,
sino la palabra de Dios sobre el hombre».
John Barth

Así como Alicia pudo entrar al «país de las maravillas», un mundo fantástico lleno de color y de cosas de lo más impactantes, nosotros también podemos entrar a un mundo sobrenatural a través de la Biblia. ¡Es una locura que algunos digan que no les gusta leer la Biblia! Claro está que para entenderla no es suficiente con la mera inteligencia. Hace falta imaginación.

El Dios creador del universo decidió plasmar en las Sagradas Escrituras todo aquello que nos pudiera servir para vivir de manera sobrenatural en este mundo natural. ¡La Biblia es una aventura! Un viaje al pasado, al presente y al futuro. Una cita con personajes que pudieron experimentar sucesos que no se le hubieran ocurrido ni al mejor de los escritores.

¡Qué locura! ¡Decir que la Biblia es solo un libro lleno de historia es no saber la riqueza que contiene!

Por eso, en esta lección ayudaremos a nuestros niños y niñas a mirar más allá de lo que los ojos naturales pueden ver. ¡Es imprescindible que ellos se apasionen por la Palabra de Dios desde pequeños, para que no se conviertan solamente en herederos de una religión, sino en portadores de la vida que la Palabra ofrece!

¡ES IMPRESCINDIBLE QUE SE APASIONEN POR LA PALABRA DE DIOS DESDE PEQUEÑOS, PARA QUE NO SE CONVIERTAN SOLAMENTE EN HEREDEROS DE UNA RELIGIÓN, SINO EN PORTADORES DE LA VIDA QUE LA PALABRA OFRECE!

Tarde o temprano nuestros niños y niñas estarán expuestos al pensamiento popular de que lo que dice la Biblia no es verdadero, Dios no existe, y todo lo que este libro contiene son fábulas que no sirven para nada en la vida real. Así que esta lección es también vital para inyectar pasión, imaginación y certeza en el corazón de esos pequeños que están aprendiendo de ti.

¡Vamos, con fuerza!

 AVALANCHA DE IDEAS

ACTIVIDAD: CONCURSO DE AVENTURAS

Divide a tus niños en 3 grupos pequeños y asígnale a cada grupo una de las aventuras que vamos a recrear:

1. Alicia en el país de las maravillas

2. Las crónicas de Narnia

3. El libro de la selva

Estos son 3 libros que han sido llevados a la pantalla grande. Para poder realizar esta actividad debes conseguir materiales suficientes como para que todos los niños puedan participar. ¿Qué van a hacer? ¡Van a crear!

Algunas ideas de materiales que puedes utilizar son: retazos de tela, papel periódico, cinta adhesiva, plástico, cuerdas gruesas y delgadas, unos cuantos retazos de foamy o «goma eva», y cualquier otra cosa que se te ocurra para despertar la creatividad de los niños.

Cada uno de los equipos deberá recrear un personaje de la historia que se le asignó al grupo. Aquí algunos ejemplos de personajes.

1. Alicia en el país de las maravillas.

    a. El sombrerero loco.

    b. El conejo blanco.

    c. Alicia.

2. Las crónicas de Narnia.

    a. Lucy, quien encontró la puerta a Narnia.

    b. Jadis, la bruja blanca.

    c. El león.

3. El libro de la selva.

    a. Mougli, el niño de la selva.

    b. Sherkán, el tigre depredador.

    c. Kaa, la serpiente manipuladora.

Uno de los niños del grupo deberá servir de modelo y los otros construirán el disfraz sobre el niño o niña que haya sido escogido para eso.

Cuando estén listos los disfraces dales instrucciones sobre cómo presentarse ante el resto, o haz que alguno de cada grupo pueda presentar a su modelo. También podrían representar una escena de la película diciendo un par de frases que recuerden. Todo depende de cuánto tiempo tengas para la lección completa. En todo caso, esta actividad no debería durar más de 15 minutos.

Condiciones:

- Tienen un tiempo límite de 10 minutos para preparar los disfraces.

- Habrá un premio para el mejor disfraz.

- Habrá un premio para la mejor actuación.

- Habrá un premio para quien lo haga más rápido.

Queremos que los niños aprendan a competir sanamente. Por eso debes preparar 3 premios. Uno será para cada grupo, y así todos ganarán en una de las categorías y nadie habrá perdido.

Considera también que si los niños son más pequeños quizás necesiten más tiempo y ayuda de tu parte. Si son más grandes puedes aumentar la dificultad.

Por otra parte, si tu grupo no es lo suficientemente numeroso, puedes dividirlo en 2 grupos en lugar de 3, y elegir 2 de las 3 películas para trabajar.

📝 FUNDAMENTOS DEL TEMA

¡La Biblia es una aventura emocionante, no solo para los niños, sino para chicos y grandes por igual! Y es realmente un privilegio de cada discípulo poder ser parte de esa aventura.

Cuéntale al grupo que en la Biblia podemos encontrar muchos tipos de historias diferentes (puedes usar láminas o proyectar imágenes para ilustrar cada ítem). Allí encontramos...

- Grandes batallas.

- Encuentros sobrenaturales.

- Hazañas y prodigios.

- Aventuras en el mar, bosque y ciudad.

- Presos que fueron liberados.

- ¡Y muchas historias más!

(Si lo deseas puedes agrandar la lista incluyendo hermanos que se pelearon, o historias de traición y fidelidad, entre otras. De hecho, si clasificáramos en una lista todas las aventuras que encontramos en la Palabra de Dios, ¡sería una lista muy larga!)

Lo más interesante es que lo que está allí descrito es verdadero. No son fábulas ni leyendas. Excepto alguna parábola, la gran mayoría son historias reales con personajes que existieron de verdad, y con testigos oculares de cada uno de los relatos que allí se narran.

SI CLASIFICÁRAMOS EN UNA LISTA TODAS LAS AVENTURAS QUE ENCONTRAMOS EN LA PALABRA DE DIOS, ¡SERÍA UNA LISTA MUY LARGA!

La Biblia es el libro más vendido de todos los tiempos, y aunque muchos han querido desvirtuarla, nadie hasta ahora ha logrado demostrar que la Biblia no sea verdadera. Por el contrario, cada vez más científicos e historiadores llegan a la conclusión de que la Biblia es totalmente veraz y es de por sí un milagro en si misma.

Cuando lo miras desde esa perspectiva, te entusiasmas aún más, porque recuerdas que les estás hablando a tus niños y niñas sobre historias reales. Gente que habló en lenguas extrañas que no conocían, alguien que pudo parar la lluvia durante 3 años y luego volverla a llamar, otro que paró el movimiento de rotación de la Tierra por un día entero, y tantos más que profetizaron cosas que se fueron cumpliendo una a una... No hablamos de un libro cualquiera, ¡sino de la verdadera vida de Dios escondida en palabras!

¿Puede ser eso aburrido?

¡Jamás!

«Leída de corrido se puede disfrutar como una novela extraordinariamente bien hilada, llena de efectos especiales y situaciones alucinantes. Cuando terminas de leer Apocalipsis te sientes inspirado, desafiado a vivir de manera real la fe, a través de ejemplos muy llamativos pero que ahondan en tu ser».
Alex Sampedro (Artesano)

Así como cuando miras una película y te identificas con los personajes e imaginas estar allí en la escena, lo mismo sucede con la Palabra de Dios. Cada historia habla a nuestro corazón. Son vivencias de otros que Dios usa para que nosotros experimentemos su verdad en las diferentes situaciones que nos toca enfrentar día a día.

Además, la Biblia nunca esconde nada. Te cuenta las cosas tal como sucedieron. No necesita fingir que algo no pasó, no busca agrandar una hazaña que ya es enorme, ni tampoco intenta minimizar los errores y caídas de aquellos personajes que admiramos. ¡Por eso sabemos que todo lo que se cuenta en la Biblia es real!

«Al mirar con atención, la gente se pregunta por qué las historias de la Biblia son tan conflictivas, difíciles e incluso violentas. Honestamente es algo por lo cual estar agradecidos. Significa que Dios está realmente involucrado en nuestro mundo, no en un mundo imaginario; Dios está escribiendo una historia en vidas reales, en tiempo real y de forma real».
Reggie Joiner y Lucas Leys (Los padres que tus hijos necesitan)

📖 ILUMÍNATE CON LA VERDAD

Ahora vamos a tomar la lista de la sección anterior, y pondremos un ejemplo de relato bíblico para cada caso:

- Grandes batallas.
  - ◊ Josué 6
    - Los israelitas derriban un gran muro con gritos y trompetas, y así pueden tomar la ciudad de Jericó.

- Encuentros sobrenaturales.

  ◊ Génesis 32:22-30

    ▪ Jacob tiene un encuentro con el Ángel de Jehová y hasta forcejea con él para pedir su bendición.

- Hazañas y prodigios.

  ◊ 1 Reyes 17:1 / 1 Reyes 18:42-45

    ▪ Elías ordena que pare la lluvia y luego ora para que vuelva a llover.

- Aventuras en mares, bosques y ciudades.

  ◊ Jonás 1

    ▪ Jonás se niega a darle un mensaje de parte de Dios a la ciudad de Nínive e intenta huir en un barco, pero viene una gran tormenta y es arrojado al mar, donde es tragado por un gran pez. Pasa tres días dentro del pez hasta que se arrepiente y clama al Señor, y entonces el Señor hace que el pez lo vomite en la playa.

- Presos que fueron liberados.

  ◊ Hechos 12:1-11

    ▪ Pedro recibe la visita de un ángel de Dios que lo libera de la cárcel de forma milagrosa.

Puedes decirles a tus niños algo como lo siguiente:

¡La Biblia está llena de aventuras esperando ser descubiertas por aquellos que decidan emprender ese viaje!

A continuación, tomarás una de esas aventuras para contarla a los niños en forma de cuento. Pero no te limites a contarles la historia. Pídeles que actúen como si estuvieran en ella, que imiten los gestos, las sensaciones... ¡que vivan la aventura!

Esta historia la encontramos en Éxodo 15:22-27...

Habían pasado pocos días desde que Dios partió el Mar Rojo para que los israelitas pudieran pasar al otro lado y escaparan de los egipcios, pero ahora estaban en el desierto.

¿Cómo es estar en el desierto?

No hay dónde hallar comida ni agua, y caminar bajo el sol del desierto puede ser muy agotador. Durante el día hace demasiado calor, y en las noches hace demasiado frío.

¡Los israelitas necesitaban agua! ¿Dónde podría haber agua?

Los desiertos son famosos porque no puedes encontrar agua en muchos, pero muchos kilómetros. Así caminaron los israelitas, muchos kilómetros buscando agua.

(Puedes hacer a los niños caminar por el salón como si estuvieran agotados y sedientos).

Luego de pasarse 3 días buscando agua por fin llegaron a Mara, un lugar donde había agua, pero al beber de ella... ¡puajjj! ¡Era agua amarga, imposible de beber!

(Hazles fingir que prueban agua amarga).

Muchos se quejaron contra Dios y contra Moisés, reclamándoles por qué les habían llevado al desierto para morir de sed. Pero una vez más, Dios usó a Moisés para hacer un milagro.

(Puedes pedirle a uno de los niños que haga el papel de Moisés).

Entonces, caminó Moisés siguiendo las instrucciones de Dios, tomó un tronco de árbol y lo echó en aquellas aguas, y de pronto, sin que nadie lo esperara, ¡boom!, las aguas se hicieron dulces y todo el pueblo pudo beber.

(Dales un poco de agua a los niños justo en este momento. Que sientan lo dulce que puede ser el agua que Dios envía).

Luego pregunta al grupo: ¿Qué podemos aprender de esta historia?

Deja que los niños te cuenten sus propias conclusiones, pero también piensa en algunas ideas que puedas tener listas para guiarlos...

- Dios hace milagros todo el tiempo.

- No debemos quejarnos sino pedirle a Dios lo que necesitamos.

- Nuestra vida puede estar seca y triste, amarga. Pero Dios puede cambiar esa tristeza y amargura en alegría y gozo. Él nos envía siempre aguas de vida para que nos sintamos así.

¿Te has dado cuenta? ¡Cada historia de la Biblia puede ser vivida como una aventura!

REFLEXIONA SOBRE LA FRASE

Recuerda que este espacio tiene el objetivo de que los niños y niñas reflexionen sobre la frase elegida, y no que la aprendan de memoria solamente. Aprenderse la frase es bueno, pero lo que queremos es que los niños piensen por sí mismos sobre su fe, que la razonen, y que no sea un conjunto de normas que les han hecho repetir. ¡Sobre todo porque eso deja de tener sentido cuando llegan a la preadolescencia!

La frase de esta lección es:

Soy parte de la historia de la Biblia.

Para ayudarlos a reflexionar sobre la frase, motívalos a responder algunas preguntas:

- ¿Por qué decimos que la Biblia es una aventura?

- ¿Cómo puedo ser parte de la aventura de la Biblia todos los días?

 MEDITA EN UN PERSONAJE

Esta parte de la lección intenta que los niños encuentren un referente que les ayude a recordar o ilustrar lo que les estamos enseñando. Más que contarles o leerles lo que está aquí escrito, lo ideal sería crear una conversación con los niños. Puede ser que algunos no conozcan al personaje. Por eso es bueno que durante la semana hables con sus padres y les preguntes si lo conocen. También puedes motivar a los padres para que hablen del personaje durante la semana anterior a la lección, y así los niños llegarán listos.

MULÁN

Las montañas eran un terreno difícil para enfrentarse al enemigo, y fue justo allí que se encontraron con el ejército huno. Esos bárbaros eran enormes, tenían espadas y lanzas formidables, y sus cuerpos parecían tener el doble de tamaño que Mulán.

Por su parte, los guerreros del ejército chino eran inexpertos en la batalla, y su capitán era muy joven también. La batalla que tenían por delante era imposible de ganar.

Los primeros golpes dejaron a Mulán y a sus amigos listos para rendirse, cosa que era lo más lógico. De pronto, una idea cruzó por la mente de la joven e improvisada guerrera: tomaría un cañón y lo lanzaría justo antes de que Shan Yu, el despiadado líder de los hunos, llegara a ellos.

El cañón pasó rozando la cabeza del bárbaro, y él se burló de Mulán pensando que había fallado el tiro. Pero no fue así. El cañón fue a dar justo en la cima de la montaña, provocando una avalancha de nieve que cubrió por completo a sus enemigos. Mulán y sus amigos saltaban de alegría. Todos felicitaron a Mulán por tan enorme hazaña. Todavía ellos pensaban que Mulán era un muchacho, pero estaban a punto de descubrirla...

PREGUNTAS PARA LOS DISCÍPULOS:

- ¿Qué actitudes positivas podemos destacar en Mulán?

- ¿Te atreverías a vivir una aventura así? ¿Por qué sí, o por qué no?

- ¿En qué se parece esta aventura a la Biblia?

JONÁS

A Jonás le debemos una de las historias más contadas de la Biblia. Él era un profeta que no quiso obedecer la orden de Dios de alertar a la ciudad de Nínive para que se arrepintiera. Para huir, Jonás emprendió un viaje en barco, y estando en alta mar, una tempestad estuvo a punto de hacer naufragar el navío. Pronto los ocupantes del barco se dieron cuenta de que esta tormenta había venido por causa de Jonás, así que decidieron lanzarlo al agua. Fue entonces cuando apareció un gran pez y se lo tragó.

¿Imaginan qué tamaño habrá tenido ese pez para tragarse una persona entera?

Durante 3 días estuvo Jonás dentro del animal, hasta que por fin se arrepintió. Y justo en el momento en que decidió obedecer a Dios, el pez lo vomitó de su vientre y lo arrojó a la costa.

PREGUNTAS PARA LOS DISCÍPULOS:

- ¿Te atreverías a desobedecer una orden de Dios? ¿Por qué sí, o por qué no?

- ¿Te lanzarías a la aventura aun sabiendo que podría irte muy mal? ¿Por qué sí, o por qué no?

- ¿En qué te pareces a Jonás?

ACCIONES CONCRETAS

¡Vamos a trabajar en la BITÁCORA DEL DISCÍPULO!

Pide a los niños que debajo del título «Lección 2» escriban la siguiente frase:

Soy parte de la historia de la Biblia.

Luego pide a cada niño que durante la semana elija una aventura de la Biblia que le hubiera gustado vivir. Que escoja ser uno de los personajes, y que pueda contar esa historia como si él mismo hubiera estado participando.

PUEDES GUIARLOS CON LAS SIGUIENTES PREGUNTAS:

- ¿Cuál es la historia bíblica que te hubiera gustado vivir?

- ¿Qué personaje de esa historia te hubiera gustado ser?

- ¿Por qué elegiste ese personaje?

- ¿En qué te pareces a él o ella?

En sus bitácoras pueden escribir la historia completa, o solamente las respuestas a las preguntas. También pueden hacer dibujos para ilustrar la historia.

¡Esta es una actividad en la que pueden involucrar a sus padres! De hecho, ellos serán los primeros que escuchen el relato, y sería bueno que los niños puedan trabajar con su acompañamiento.

¡Por supuesto, no olvides que al iniciar la reunión de la semana siguiente debes preguntarles cómo les fue, leer sus historias, y felicitarlos por su trabajo!

Antes de terminar la reunión, ora para que cada uno de los niños y niñas de tu grupo anhele siempre ser parte de la emocionante aventura de la Biblia.

LECCIÓN 3

MI RELACIÓN CON DIOS

«Siempre, en todas partes, Dios está presente y siempre busca descubrirse a sí mismo a cada uno».

A.W. Tozer

Tener una relación con alguien implica conectarse. Uno puede conocer muchas personas, pero sin ser amigos y estar realmente conectados. Hoy la tecnología puede ayudar a conectarnos pero con tecnología o sin ella una relación tiene que ver con dos personas que se van conociendo cada vez más y con Dios ocurre exactamente lo mismo.

Una cosa es saber que esa persona existe y otra es hablar con ella. Una cosa es saber que tienes un tío llamado Carlos y otra es tener una relación con el tío Carlos. Una cosa es admitir que Dios existe y otra es comenzar a conectarnos y relacionarnos con Él.

 AVALANCHA DE IDEAS

ACTIVIDAD: ¿QUIÉN ES ESTE PERSONAJE?

Consigue fotografías de los padres de tus niños. Puedes mostrarlas con un proyector o imprimirlas en papel. Si tienes una reunión virtual, será fácil mostrar la fotografía compartiendo la pantalla aunque puedes hacer eso en un Tablet y mostrar las fotos en vivo.

Para empezar la reunión diles que vas a mostrarles fotos de gente muy importante y que los niños deben identificar de quién se trata. Puedes tener lista una breve descripción de cada persona como si fuera alguien famoso.

Por ejemplo:

«Este hombre es un gran trabajador. Es el vendedor más importante de su empresa. Tiene muchos amigos y les cae bien a todos. La persona más importante en su vida es su esposa».

Hazlo así para todos los padres que muestres. Cuando lo hagas, obviamente un niño o niña del grupo saltará diciendo que es su papá o su mamá. Cuando eso suceda debes poner una gran cara de asombro. ¡Wow! Este personaje importante ahora es parte de nuestra lección.

Cuando el niño o niña identifique a su papá o mamá, pídele que les cuente a todos qué es lo que más te gusta de él o de ella. Para que no se olviden, escribe sus respuestas en una pizarra. Al final de la actividad, recuérdales lo que cada uno dijo respecto de su papá o mamá, y pide aplausos para todos.

Diles con claridad que el tema de hoy es «mi relación con Dios».

FUNDAMENTOS DEL TEMA

Fuimos creados para conectarnos unos con otros, y eso que sucede a nivel del ser humano también es esencial cuando se trata de nuestra relación con Dios.

> *«Dios nos ha creado para la conexión auténtica y para los apegos significativos: el tipo de conexión que tiene el poder de darnos seguridad, crecimiento, libertad y transformación».*
> **Hart Archivald (La invasión digital)**

Y es que si estar conectados con otras personas se nos hace tan necesario, ¡cuánto más importante es nuestra conexión con Dios, el creador del universo!

Creer en Dios no basta. Según la Escritura hasta los demonios creen en Él, y le tienen miedo. Por eso el hecho de creer no es suficiente. Acercarnos a Dios tiene que ver con un camino en el que vamos avanzando de a poco. Tal como sucede con una persona a la que apenas conoces, pero que conforme pasan tiempo juntos, se van conociendo cada vez más. ¡De eso se trata una relación!

SI ESTAR CONECTADOS CON OTRAS PERSONAS SE NOS HACE TAN NECESARIO, ¡CUÁNTO MÁS IMPORTANTE ES NUESTRA CONEXIÓN CON DIOS!

Explícales a los niños que nuestra fe está incompleta si no hay una relación íntima con Dios.

La forma como ellos se conectan con un amigo o amiga, con un maestro, o con sus padres, es clave para entender cómo funcionará su relación con Dios.

Haz que los niños reflexionen sobre cómo funciona este proceso mostrándoles el siguiente ejemplo de cómo llegan ellos a tener un amigo nuevo:

Al inicio alguien te cuenta de tal persona, o te la presenta. Esa persona te cae bien, y decides buscar momentos para relacionarte más. Aún no hay conexión en esta etapa, solamente pasan tiempo juntos, se conocen más el uno al otro y empiezan a ver lo que tienen en común. Si siguen alentando la relación de amistad, pronto encontrarán momentos más personales, cosas en qué ayudarse mutuamente, y aprenderán a resolver sus conflictos. Si todo eso sale bien, luego de un tiempo habrán aprendido a mantenerse conectados el uno al otro, y podrán disfrutar de una relación de amistad. Si esa conexión no se da bien, la relación quedará como algo pasajero, como recuerdos de alguien a quien alguna vez conocieron.

Para conectarnos con Dios también debemos atravesar algunas etapas. Estas se podrían resumir en el siguiente cuadro, al que llamaremos: «ETAPAS EN MI RELACIÓN PERSONAL CON DIOS». Este cuadro es parecido a otro que hemos incluido en los libros para preadolescentes y adolescentes, pero aquí lo hemos adaptado de modo que resulte más comprensible para los más pequeños.

¿Qué piensa y siente una persona en cada nivel?

1. DIOS NO EXISTE:

    ◊ Esta es la posición del ateo.

    ◊ Nunca ha tenido un contacto real con Dios.

    ◊ No hay una conexión ni relación con Él.

2. DIOS ES EL CREADOR:

    ◊ Cree que Dios hizo todas las cosas.

    ◊ No puede ver ningún propósito en su existencia.

◊ No hay una conexión ni relación con Él.

3. DIOS ES MI SALVADOR:

◊ Entiende que solo Jesús lo puede salvar, y ha aceptado esa salvación.

◊ Comienza a orar, aunque aún no sabe cómo.

◊ Siente deseos de conectarse con Él.

4. DIOS ES MI SEÑOR Y GUÍA:

◊ Entiende que Dios es Rey y que debe obedecer su Palabra.

◊ Empieza a conectarse de verdad con Él a través de la oración y leyendo su Palabra.

◊ Es su discípulo y obedece su Palabra.

5. DIOS ES MI PADRE Y AMIGO:

◊ Se relaciona con Dios como Padre y como amigo.

◊ Busca mejorar cada día esa relación.

◊ Es un discípulo que enseña a otros a tener una relación con Dios.

La meta de los discípulos es avanzar hacia el 5 y permanecer allí.

📖 ILUMÍNATE CON LA VERDAD

No existe otro ejemplo mejor en la Biblia que el de Jesús. Siempre conectado con el Padre, siempre orando por las madrugadas, no por hábito ni por obligación, sino por necesidad. Siempre buscando del Padre antes de tomar decisiones importantes y en momentos cruciales. Desde su niñez hasta el momento

NO EXISTE OTRO EJEMPLO MEJOR EN LA BIBLIA QUE EL DE JESÚS

de su último aliento de vida natural, hizo todo para agradar a Dios sin llevarse la gloria que solo a Él le pertenece.

¿Cómo notamos la conexión de Jesús con el Padre?

- En sus oraciones: Allí se notaba su anhelo por estar a solas con el Padre.

- En sus discursos: Siempre usaba la Palabra de Dios para hablar a la gente.

- En sus milagros: Cuando hacía un milagro Jesús le daba la gloria al Padre.

- Cuando hablaba de las cosas cotidianas y compartía con sus discípulos: En todo momento sus palabras y acciones denotaban una relación íntima con Dios.

- En su forma de vivir: No hubo pecado en él, ya que siempre supo que estaba apartado para Dios, lo que significa ser santo. Por eso, Jesús mismo nos pide ser santos, apartados para Dios, y conectados con nuestro Padre en todo tiempo, toda circunstancia, toda calamidad y toda bendición.

¡MANOS A LA OBRA!

Prepara cuatro sectores en el lugar donde realices la reunión. Cada uno debe tener un elemento que los niños puedan identificar para que nunca olviden esta porción de la lección. Son para los cuatro momentos que serán descritos. Aquí tienes una sugerencia de cómo puedes construir cada sector:

Para el bautismo de Jesús: Coloca un recipiente lleno de agua, trae un muñeco que represente a Jesús, y consigue una paloma.

Para la preadolescencia de Jesús: Consigue una casa de juguete que represente el templo donde estaba Jesús enseñando.

Para Jesús con los discípulos: Puedes emplear un barco de juguete y una red para pescar. Con eso podrás representar cuando Jesús llamó a Pedro y él, dejando sus redes, lo siguió.

Para la oración: Consigue una imagen o dibujo donde se represente a Jesús levantando sus manos para orar. Esto era una evidencia de que Él buscaba al Padre en todo momento.

Cuando lleves a los niños por cada estación, déjales experimentar con cada una. Que no te importe si juegan un poco con el agua, o si dejan caer algo al piso. ¡Son niños, y es necesario que disfruten mientras aprenden!

Ve contándoles cada historia de forma apasionada, y no olvides que en cada una hay una referencia a la relación de Jesús con su Padre. ¡Haz énfasis en eso!

Aquí tienes las cuatro historias:

- En su bautismo, antes de comenzar su ministerio público...

   «En una ocasión en que todos iban para que Juan los bautizara, Jesús fue y también a él lo bautizó. Y mientras Jesús oraba, el cielo se abrió y el Espíritu Santo bajó sobre él en forma de paloma. Entonces se oyó una voz del cielo que decía: –Tú eres mi Hijo amado; estoy muy contento contigo».
   (Lucas 3:21-22)

   ...las palabras del Padre afirmaban la conexión que había entre ambos.

- Cuando era preadolescente, a los 12 años...

   «Él le respondió: –¿Por qué me buscaban? ¿No sabían que tengo que estar en la casa de mi Padre?». **(Lucas 2:49)**

   ...Jesús tenía la certeza de que el Padre le quería allí, en sus asuntos.

- En la elección de sus discípulos...

   «En aquellos días se fue Jesús a la montaña y pasó toda la noche orando a Dios. Al amanecer, llamó a sus discípulos y entre ellos escogió a doce, a los que llamó apóstoles: Simón (a quien le puso el nombre de Pedro) y su hermano Andrés, Jacobo, Juan, Felipe, Bartolomé, Mateo, Tomás, Jacobo

*hijo de Alfeo, Simón (al que llamaban Zelote), Judas hijo de Jacobo, y Judas Iscariote (que fue el que lo traicionó)». **(Lucas 6:12-16)***

...¿quién se pasó toda la noche orando? Jesús.

- Cuando les enseñaba a orar...

*«Él les dijo: –Cuando oren, digan: "Padre, santificado sea tu nombre. Venga tu reino. Danos hoy nuestro pan de cada día. Y perdónanos nuestros pecados, porque también nosotros perdonamos a todos los que nos hacen mal. Y no nos metas en tentación"». **(Lucas 11:2-4)***

...el Padre siempre estaba en sus oraciones.

 # REFLEXIONA SOBRE LA FRASE

Haz que todos los niños escriban en la BITÁCORA DEL DISCÍPULO la frase clave de la lección de hoy:

Mi relación con Dios es más importante que todo lo demás.

Luego vienen las preguntas de reflexión:

- ¿Quién es más importante, Dios o mis padres? ¿Por qué?

- ¿Son mis amigos más importantes que Dios? ¿Por qué sí, o por qué no?

- ¿Cómo sé si tengo una buena relación con Dios?

- ¿Cómo puedo hacer para crecer en mi relación con Dios?

Procura que todos los niños y niñas participen en todas las secciones, y cuando haya preguntas, como en este caso, permíteles decir todo lo que piensan. Nuestra función como discipuladores no es decirles a los niños qué creer, sino ayudarlos a pensar por sí mismos.

 MEDITA EN UN PERSONAJE

LUCY

C.S. Lewis es el escritor de la saga de 7 libros de *Las Crónicas de Narnia*. En el libro titulado *El león, la bruja y el ropero* aparecen cuatro hermanos. La menor de ellos es Lucy. La pequeña Lucy es quien encuentra por primera vez la puerta de ingreso al mundo fantástico de Narnia, y ese es el inicio de una gran aventura.

Hablaremos de Lucy porque justamente es ella quien se conecta por primera vez con el mundo de Narnia, pero también porque es quien más conectada está con el león Aslan, el creador de todo, soberano y regente de Narnia. La relación de Lucy con Aslan fue muy especial desde el principio, tanto de parte de la niña (que se maravillaba por la imponencia del majestuoso león), como de parte de Aslan (que sentía gran ternura y un afecto especial por la inocente Lucy).

Sabemos que Aslan representa al león de la tribu de Judá, es decir, a Jesús. Y Lucy es una figura de todos nosotros, los que buscamos a Dios y queremos sentirnos protegidos por Él.

Lucy nos presenta la necesidad de estar conectados con Dios de forma íntima, constante y permanente. ¡Esa conexión es algo que nunca nos debe faltar!

PREGUNTAS PARA LOS DISCÍPULOS:

- ¿Te sientes conectado o desconectado con Dios? ¿Por qué?

- ¿En qué momento has sentido que Dios ha estado protegiéndote?

- ¿Sientes que Dios te habla? ¿Cómo lo hace?

SAMUEL

Samuel era un niño pequeño que servía en el templo. Una noche, mientras descansaba, escuchó una voz que lo llamaba y pensó que era el sacerdote Elí.

—Samuel, Samuel —repetía la voz incesantemente.

—¿Qué deseas, Elí? —respondió Samuel acudiendo a donde estaba el sacerdote, ya que pensó que era este quién lo llamaba.

—No he sido yo quién te ha llamado —respondió el sacerdote—, ve y vuelve a dormir.

Así pasó una y otra vez, hasta que Elí entendió que Samuel estaba escuchando la voz de Dios y pudo darle instrucciones al niño para que aprendiera a responder cuando Dios lo llamaba.

Gracias a que Samuel estuvo atento a la voz de Dios desde pequeño, se convirtió más tarde en uno de los profetas más importantes de la historia de Israel. ¡Él fue quien ungió a Saúl como rey, y luego también al famoso David!

PREGUNTAS PARA LOS DISCÍPULOS:

- ¿Has oído alguna vez la voz de Dios? ¿Cómo fue, y en qué circunstancia?

- ¿Qué haces, o qué piensas que podrías hacer, para conectarte con Él?

✋ ACCIONES CONCRETAS

ACTIVIDAD: UNE CON LÍNEAS

Haz fotocopias o toma una foto del siguiente cuadro e imprímelo con anticipación para que los niños y niñas puedan pegarlo en sus bitácoras. También puedes pedirles que lo copien de una pizarra.

UNE CON LÍNEAS	
EN ESTE CASO:	**MI RELACIÓN DEBE SER:**
Con Dios	Respetuosa
Con mis padres	Afectuosa
Con mis hermanos	Íntima
Con mis maestros	De confianza
Con mis líderes	Amorosa
Con mi mascota	Fiel

Conversen entre todos sobre cómo cada uno resolvió la actividad. En algún punto del ejercicio los niños se darán cuenta de que la mayoría de los adjetivos pueden calzar bien en distintos casos. Por ejemplo, podemos tener con Dios una relación de confianza, o afectuosa, aunque lo ideal sería que fuera íntima.

El propósito de esta actividad es que los niños y niñas puedan identificar a Dios como la relación más importante de todas. De hecho, ¡la relación con Dios debería ser respetuosa, afectuosa, íntima, de confianza, amorosa y fiel! Por eso, con Dios, ¡todas las respuestas son correctas! Sin embargo, no se puede tener una relación íntima o respetuosa con una mascota. ¡Es bueno que los niños puedan diferenciar eso!

Es probable que alguno diga que ve a Dios solamente con respeto, y que su conexión no va más allá. ¡Debes alentarles a mejorar esa conexión cada vez más, ya que una de las insignias del discipulado es crecer en nuestra relación con Dios!

Si los padres de los niños en tu grupo son cristianos, aprovecha esta oportunidad para hablar con ellos, contarles tus propósitos a lo largo de este proceso de discipulado, y decirles en qué te pueden ayudar. Puedes pedirles, por ejemplo, que durante la semana les cuenten a sus hijos cómo han ido creciendo en su relación con Dios desde que lo conocieron hasta la actualidad, cómo han sentido su presencia y cómo han escuchado su voz.

Antes de terminar la reunión, dales una tarjeta o señalador de libros con la oración conocida como «El padre nuestro» de Mateo 6:9-13 y recomiéndales memorizarla incluso con algún juego final y por último, no olvides pedirles a los niños que anoten en su BITÁCORA DEL DISCÍPULO la frase de la semana:

Mi relación con Dios es más importante que todo lo demás.

¡Ora para que esta frase se haga realidad en la vida de cada niño y niña de tu grupo!

LECCIÓN 4

EL REINO DE LOS CIELOS

«La única forma en que el reino de Dios se manifestará en este mundo antes de la venida de Cristo es si lo manifestamos por la forma en que vivimos como ciudadanos del cielo y súbditos del Rey».

R. C. Sproul

C.S. Lewis fue de los más reconocidos apologetas del siglo pasado. Sus escritos teológicos hacen ver sus firmes convicciones acerca de Cristo pero en el ámbito literario, Lewis impactó al mundo a través de *Las Crónicas de Narnia*, una saga de siete libros que presenta un mundo fantástico que, para alguien que conoce el evangelio a fondo, ilustran la historia de redención.

Narnia es un reino de paz que ha sido sometido por la bruja blanca para volverlo un lugar frío y lleno de maldad. De la misma forma, nuestro mundo ha sido invadido por Satanás y sus huestes espirituales de maldad. Aslan, que en turco significa león, es el soberano de toda Narnia, así como Jesús, el león de Judá, es nuestro Rey y Señor.

Seamos conscientes de ello o no, lo cierto es que todos nos movemos en una realidad espiritual. Día a día vivimos en medio de una batalla entre dos reinos aunque a veces ni lo notemos. El imperio de las tinieblas es real y nosotros debemos trabajar por establecer en cada rincón de este mundo al reino de los cielos que primero que nada, debe instalarse en nuestro corazón.

🧠 AVALANCHA DE IDEAS

ACTIVIDAD: IMITEN AL REY

Materiales:

- Una corona (puede ser una que hayas comprado como parte de un disfraz, pero también sirve si la fabricas tú mismo de cartón o papel).

- Un dado (puede ser uno pequeño de esos que vienen en los juegos de mesa, o podrías construir uno gigante para que se vea más impactante).

Instrucciones:

Ubica a todos los niños formando un círculo. Para mostrarles lo que deben hacer, comienza tú poniendo la corona sobre tu cabeza. Luego realiza un movimiento que los niños puedan repetir (por ejemplo, saltar y aplaudir una vez). Todos deberán gritar «¡Imiten el Rey, imiten al Rey!», y al mismo tiempo tendrán que realizar la acción que has propuesto.

Cuando todos hayan entendido lo que deben hacer, lanza el dado, y según el número que salga, cuenta los niños hacia tu derecha. Aquel a quien le toque el turno recibirá la corona y deberá hacer un movimiento para que todos le imiten. Recuérdales que no pueden repetir la acción que alguien más ya propuso. Y no olvides que todos deben gritar la frase «¡Imiten al rey!» mientras lo hacen.

Lo ideal sería continuar con el juego hasta que todos o la mayoría de ellos hayan podido ser el rey, pero tampoco extiendas tanto la actividad como para que lleguen a aburrirse. Mejor detenla cuando aún se estén divirtiendo, y si los niños quieren jugar un poco más, puedes repetir la dinámica al final de la reunión o la próxima semana.

📝 FUNDAMENTOS DEL TEMA

Jesús vino a predicar las buenas noticias del evangelio del reino de los cielos. Él mismo declaró que el reino ya se había acercado gracias a su venida.

Por mucho tiempo se pensó que el reino de los cielos era un lugar en el que todos viviremos en el futuro cuando ya no estemos en este mundo, pero ahora entendemos que no solamente es un lugar al que iremos algún día, sino que es un reino activo que se manifiesta hoy en medio nuestro.

Como en todo reino hay un rey, y ese rey es Jesús. En los evangelios, varias veces encontramos a Jesús dando instrucciones sobre cómo vivir en esta tierra para manifestar las verdades de su reino. La mayoría de las veces que Jesús habló de este tema lo hizo por medio de parábolas: historias para ilustrar cómo funciona ese reino entre nosotros.

Y lo curioso es... ¡que funciona al revés de lo que estamos acostumbrados!

Enséñales a tus niños las siguientes verdades sobre el reino de los cielos:

- **Los últimos serán los primeros y los primeros serán últimos.** El que se desespera por entrar, puede entrar al final.

- **Para ser grande hay que ser el más pequeño.** No hay que buscar la grandeza sino la humildad.

- **El que está por encima de todos es aquel que sirve a todos.** Los líderes deben estar dispuestos a servir a los demás.

- **Los niños tienen un lugar especial.** El corazón de los niños les hace poder ver el reino de los cielos.

- **No es un reino para los ricos sino para los pobres en espíritu.** Aquel que busca riquezas terrenales no puede alcanzar fácilmente las cosas eternas.

- **No es visible a todos sino a los de limpio corazón.** Es necesario purificar nuestro corazón para ver las maravillas de Dios.

- **Los tesoros no son el dinero ni las piedras preciosas.** Dios nos ha preparado inmensos tesoros, pero no como los de este mundo.

- **Todo se mueve por medio de la fe.** A veces la razón no puede explicar lo que sucede en el reino de los cielos, como ocurre por ejemplo con los milagros y sanidades.

«Sin lugar a dudas, Jesús, que conocía muy bien a los niños, veía en ellos expectativa, asombro, sorpresa, confianza y humildad... y esas son características que el Señor busca en la vida de las personas de cualquier edad para que puedan recibir el reino de Dios». **Jessica Ibarbalz (Manual de consejería para el trabajo con niños)**

LOS NIÑOS TIENEN UNA PUERTA ABIERTA AL REINO DE LOS CIELOS Y ESA PUERTA ES JESÚS

Jesús varias veces usa la figura de una puerta, refiriéndose a un sendero por el cual debemos transitar. Los niños tienen una puerta abierta al reino de los cielos. Y esa puerta es Jesús. Esto significa que conocer y seguir a Jesús les abre las puertas a este mundo sobrenatural de Dios y su reino.

¿Cómo acercarme más al reino de los cielos?

Comparte estas respuestas con tus niños:

- Acércate a Dios, creyendo que existe y que puede mostrarte las maravillas de su reino hoy.

- Busca conocer cada día más al rey, que es Jesús.

- No hagas las cosas por costumbre. Busca a Dios genuinamente y de manera sincera.

- Guarda tu corazón y no dejes que se contamine con la incredulidad.

📖 ILUMÍNATE CON LA VERDAD

En esta sección veremos la parábola del tesoro escondido y la perla de gran valor.
Esta es una de las muchas parábolas que Jesús contó acerca del reino de los cielos,
y dice así:

> *«El reino de los cielos es también como un tesoro escondido en un terreno.*
> *Un hombre viene y lo encuentra. Emocionado y lleno de ilusiones, vende*
> *todo lo que tiene y compra el terreno, con lo cual está adquiriendo también*
> *el tesoro. El reino de los cielos es como un mercader de perlas que anda en*
> *busca de perlas finas. Por fin descubre una verdadera oportunidad cuando*
> *le ofrecen a buen precio una perla de gran valor. Entonces corre, vende todo*
> *lo que tiene y la compra».* **Mateo 13:44–46**

Algunas cosas que podemos aprender de esta parábola son:

- El reino de los cielos es un tesoro de valor infinito.

- El reino de los cielos es difícil de encontrar, está escondido.

- Encontrarlo nos llena de alegría.

¡JUGUEMOS AL TESORO ESCONDIDO!

De acuerdo al número de participantes que tengas, prepara carteles con la palabra
«Jesús» y escóndelos (antes de la reunión) en distintos lugares dentro del salón. Si
lo prefieres puedes usar perlas, o ambas cosas.

Por supuesto, ten en cuenta las edades de los niños, ya que para algunos será más
o menos fácil encontrar el tesoro. Lo importante es que haya un cartel o una perla
por cada niño o niña. Es decir, nadie puede quedarse sin ese tesoro.

Cuando lo vayan encontrando, pregúntale a cada niño qué estaría dispuesto a
entregar a cambio de ese tesoro. ¡La parábola dice que aquellos que encontraron
el tesoro y la perla vendieron todo lo que tenían para poder quedarse con ellos!

PREGÚNTALES A LOS NIÑOS:

- ¿Qué significa que alguien venda todo para quedarse con el tesoro?

- ¿Cuánto valor tiene para ti conocer a Jesús?

REFLEXIONA SOBRE LA FRASE

La frase que queremos que los niños recuerden de esta lección es la siguiente:

Jesús vale más que cualquier tesoro.

¿Por qué? Porque recién cuando ponemos a Jesús primero en nuestra vida, todos los demás valores del reino se ponen en orden.

Jesús mismo dijo:

«Lo más importante es que primero busquen el reino de Dios y hagan lo que es justo. Así, Dios les proporcionará todo lo que necesiten». **Mateo 6:33**

AYUDEMOS A LOS NIÑOS REFLEXIONAR CON ALGUNAS PREGUNTAS:

- ¿Qué cosas en la tierra pueden ser un tesoro?

- ¿Es tu fe en Jesús es más importante que todo? ¿Por qué sí, o por qué no?

- ¿Qué harías si alguien te pidiera dejar a Jesús a cambio de muchas riquezas?

MEDITA EN UN PERSONAJE

Recuerda que para este espacio puedes usar láminas, pero también puedes mostrarles un video con un extracto de la película. ¡Eso será muy atractivo para los niños! Solamente cuida de no tomar demasiado tiempo para esto. Con 2 o 3 minutos bastará.

SIMBA

Mufasa acaba de tener un hijo, que será el heredero y soberano de toda la sabana cuando llegue su tiempo. Simba. Ese era el nombre del cachorro de león. Mamíferos, aves, y reptiles, todos se rinden ante el rey de la selva, el rey león.

A Scar, el hermano de Mufasa, no le gusta mucho esta idea. Él planea la muerte del rey, y culpa a Simba por ello. El cachorro se ve entonces obligado a huir de su hogar y, lleno de temor, abandona la sabana que debía ser su reino.

De pequeño, Simba era un cachorro engreído, orgulloso, y confiado por el hecho de ser un príncipe. Al huir, él aprendió a ser un despreocupado holgazán, incapaz de enfrentar los problemas. Pasaron años hasta que Simba se diera cuenta de la importancia de enfrentar el pasado y de corregir las decisiones equivocadas...

Al mirar hacia atrás en su vida Simba debe enfrentar su dolor por la pérdida de su padre, pero al enterarse de que su reino está en peligro, decide volver y arreglar las cosas cara a cara con su tío. Simba ya no es el cachorro petulante de antes. Ahora es un león humilde y se ha vuelto más sabio. Gracias a esas cualidades logra vencer al malvado Scar y es reconocido nuevamente como el rey león.

PREGUNTAS PARA LOS DISCÍPULOS:

- ¿Has huido de los problemas alguna vez como hizo Simba? ¿En qué ocasión?

- ¿Qué significa ser engreídos?

- ¿Qué crees que deberías hacer para ser un buen heredero del reino de los cielos?

TOMÁS

Tomás probablemente sea el discípulo de Jesús más criticado de toda la historia. A pesar de haber sido uno de los doce discípulos a quienes Jesús enseñaba, y de haber escuchado sobre la promesa de la resurrección de Jesús, cuando llegó el momento Tomás desconfió que aquel a quien estaba viendo fuera su maestro resucitado.

Jesús le indicó a Tomás que pusiera su dedo en el hueco de su mano, justo por donde habían pasado los gruesos clavos con los que lo habían crucificado. Tomás así lo hizo, y recién entonces se convenció de que aquel fuera realmente Jesús. En el instante que eso ocurrió, Tomás le dijo a Jesús: «¡Señor mío y Dios mío!».

Definitivamente hay ocasiones en que todos somos como Tomás. Dudamos de algo y Jesús nos da la posibilidad de confiar aún más en él y darnos cuenta de que él es siempre nuestro principal tesoro.

PREGUNTAS PARA LOS DISCÍPULOS:

- ¿Por qué habrá dudado Tomás al ver a Jesús volver de la muerte?

- Al ver a Jesús resucitado, ¿hubieras dudado que era él? ¿Por qué sí, o por qué no?

ACCIONES CONCRETAS

Busca una figura para colorear del rey león, o Aslan o si lo prefieres, que sea alguna imagen que represente al león de la tribu de Judá, es decir, a Jesús en forma de León.

Pídeles que la pinten y que la peguen en sus bitácoras. Luego indícales que durante la semana deberán utilizar esa imagen para compartir con alguien más lo que han aprendido sobre el reino de los cielos. ¡Ten en cuenta que el mejor aprendizaje es el que se da cuando enseñamos a otros lo que aprendimos!

¿A quién deben contárselo? Puede ser a sus padres o hermanos, y también a otros familiares o amigos.

¿Deben preparar toda la lección? No. Pueden elegir cualquier porción de lo que hayan aprendido. Puede ser un personaje, los pasajes bíblicos, lo que entendieron de la parábola, pueden explicar el dibujo que han coloreado, o pueden usar la frase de la semana.

Dales por escrito:

«Busquen el reino de Dios y hagan lo que es justo. Así, Dios les proporcionará todo lo que necesiten». **Mateo 6:33**

Por cierto, no olvides decirles que copien la frase de la semana debajo del dibujo que pegaron en sus bitácoras:

Jesús vale más que cualquier tesoro.

LECCIÓN 5

LAS PALABRAS SON SEMILLAS

«Dios es el autor de la Biblia, y solo la verdad que contiene llevará a las personas a la verdadera felicidad».

George Muller

Pinocho es uno de los cuentos más famosos de entre los que se les cuentan a los niños. La mayoría de los padres, aprovechando este cuento, suelen amenazar a sus hijos diciéndoles que les crecerá la nariz si dicen mentiras. Sin embargo, lo que el hada quería decirle a Pinocho era más que una amenaza. Ella le estaba enseñando un principio de vida: lo que decimos tiene consecuencias, y no es lo mismo decir una cosa que decir otra.

La Biblia dice que lo que sembramos, eso cosechamos (Gálatas 6:7). Y emplea esta imagen también para decirnos lo importante que es cuidar las palabras que salen de nuestra boca. Si cada palabra que decimos es como una semilla, entonces lo que hablamos a otros es como si lo sembráramos en su corazón.

De eso se trata la lección de hoy.

¡Vamos!

🧠 AVALANCHA DE IDEAS

ACTIVIDAD: TRABALENGUAS

Comencemos esta clase con algunos trabalenguas que tengan que ver con lo que estamos trabajando. (Aquí te proponemos algunos pero claro que si conoces otros o te sale inventar alguno nuevo, adelante). Como siempre, fíjate en la edad de tus niños.

Puedes hacer este ejercicio con uno o dos trabalenguas, o si lo prefieres con tres. Escribe las frases en una pizarra o en cartulinas o monitor para que los niños puedan leerlas fácilmente.

Aquí tienes algunas opciones de trabalenguas:

- Vibra arriba la vida que siembra la Biblia.

- Prospera poco el pico de Paco que pronto peca, peca pronto el pico de Paco que poco prospera.

- Cuca nunca cuenta cuánto cuesta el cuento que cuenta.

¡Hazlo como un concurso real! Presenta a los participantes y pon sonido de fanfarria, tambores, y aplausos, antes y después de cada participación. Para hacerlo más emocionante, coloca el nombre de cada participante en un papel y luego escoge al azar el turno de cada uno.

Ten preparados algunos premios para los niños y niñas que lo hagan mejor. (Y no olvides tener premios adicionales por si hay muchas buenas participaciones). Cuando menciones al ganador, ponle un nombre especial al premio que recibe. Como «el premio a la lengua más rápida del oeste», o algo por el estilo.

Si tienes muchos participantes, pídeles que elijan por aplausos al ganador. Y puedes pedirle al que gane que diga unas palabras de agradecimiento por este premio.

FUNDAMENTOS DEL TEMA

La manera más poderosa con la aprenden las niñas y niños es a través del ejemplo. Esto se pone en evidencia cuando aquello que escuchan en cualquier lugar lo repiten sin cuidado frente a otras personas, sin medir las consecuencias. Conforme van creciendo deben aprender a elegir mejor sus palabras y a distinguir cuáles son las cosas que no se deben decir o a dónde se dicen cuáles.

Un buen discípulo debe saber desde muy pequeño que las palabras que decimos se siembran en los corazones de las personas y que por esa razón debemos ser cuidadosos con nuestras palabras.

Algunos usos de las palabras que suelen ser comunes entre muchos niños y que debemos enseñarles a evitar son:

- **Las mentiras.** Decir la verdad es una de las insignias de un buen discípulo. Aunque muchas veces los niños se pueden sentir tentados a mentir, parte de la formación del carácter de Cristo en ellos es ayudarles a decir siempre la verdad sin importar las consecuencias.

- **Los insultos.** Lo más probable es que un niño que insulta a otro lo haga porque en su casa ha escuchado o recibido insultos. Esto es así porque la reacción frente a un insulto la mayoría de las veces es callarse, pero luego replicarlo en contra de otros como una medida de autodefensa.

- **Las burlas.** No son lo mismo que los insultos, aunque muchas veces van juntas. Una persona puede burlarse de otra sin necesidad de insultarla, usando palabras de menosprecio o reprobación.

- **Los chismes.** Hablar de alguien a sus espaldas no es bueno. Y no importa si es cierto o no lo que se dice de la persona, de todos modos no es bueno generar ni propagar chismes. Si no estás dispuesto a decir frente a la persona lo que dices a sus espaldas, entonces es mejor que directamente no lo digas.

A nadie le siembra nada bueno en el corazón escuchar estas cosas y es por este motivo que aquellos niños y niñas que han recibido palabras de reprobación desde muy pequeños, se las creen y actúan como si esto fuera verdad. Si les han dicho que son incapaces, torpes, o inútiles en tal o cual área, entonces actuarán de esa forma pues esas palabras han sido sembradas en su corazón.

¡Alerta!

Una forma de identificar que algo está sucediendo en la vida de los niños es a través de sus palabras. Si hay problemas en casa, si hay alguien que los está acosando, si están siendo víctimas de bullying, o si se están juntando con alguien nocivo para ellos, la mejor forma de notarlo es advertir los cambios en su lenguaje. ¡Lo que está siendo sembrado en ellos dará fruto inevitablemente!

De la misma forma, si hay un ambiente sano en casa, si sus amistades son adecuadas, o si están recibiendo bien la enseñanza bíblica, el fruto de eso se verá reflejado en sus palabras.

Su forma de comportarse y sus reacciones también serán consecuencia directa de las palabras que ellos reciban. Cuando la vida de un niño está llena de palabras positivas los resultados son de crecimiento, paz y amor, pero cuando está llena de palabras negativas vendrán reacciones de ira, frustración, y en algunos casos hasta violencia.

Por todo esto, es sumamente importante enseñarles a recibir las palabras adecuadas y a desechar las que no son buenas para su crecimiento como discípulos de Jesús. A su vez, como ya dijimos antes, debemos enseñarles a escoger bien qué palabras sembrarán ellos en las vidas de otras personas.

Ahora vamos a la Biblia.

📖 ILUMÍNATE CON LA VERDAD

La Palabra de Dios es eterna.

«Antes que nada existiera, ya existía la Palabra, y la Palabra estaba con Dios porque aquel que es la Palabra era Dios». **Juan 1:1**

Jesús es la Palabra, el Verbo de Dios, la esencia creadora de Dios que se hizo hombre y vino a habitar entre nosotros.

«Y la Palabra se hizo hombre y habitó entre nosotros. Y hemos visto su gloria, la gloria que le pertenece al Hijo único del Padre, en el que abundan el amor y la verdad». **Juan 1:14**

Es interesante que nuestro planeta se llama Tierra, y que Jesús fue enviado a vivir entre nosotros aquí en la Tierra. Si Jesús era la Palabra de Dios, y decimos que las palabras son semillas, entonces Jesús fue la primera semilla y el Padre decidió que fuera plantado en la tierra.

Jesús usó esta ilustración un día cuando dijo lo siguiente:

«Es verdad que, si un grano de trigo cae en tierra y no muere, se queda solo. Pero si muere, produce mucho fruto». **Juan 12:24**

Jesús dijo esto para referirse a su muerte. Él era el grano de trigo, una semilla, que cayó en la tierra y que ahora debía morir. ¿Para qué? ¡Para producir el mayor fruto de la historia entera: traer muchos hijos de Dios a los pies del Padre Eterno!

Así como vemos a Jesús ilustrado en la figura de un león o de una roca sobre la cual podemos pararnos firmes, así también podemos ver a Jesús como una semilla, pues Él es la Palabra que es sembrada en nuestro corazón. Esta imagen de nuestro corazón como la tierra en la que se siembra una semilla podemos verla también en la parábola del sembrador:

«Un agricultor salió a sembrar sus semillas en el campo. Mientras lo hacía, algunas semillas cayeron en el camino, y las aves vinieron y se las comieron. Otras cayeron sobre terreno pedregoso, donde la tierra no era muy profunda. Las plantas nacieron pronto, pero a flor de tierra, y el sol ardiente las abrasó y se secaron, porque casi no tenían raíz. Otras semillas cayeron

entre espinos, y los espinos las ahogaron. Pero algunas cayeron en buena tierra y produjeron una cosecha de treinta, sesenta y hasta cien granos por semilla plantada». **Mateo 13:4-8**

Puedes leerles a los niños la parábola entera, que se encuentra en el libro de Mateo capítulo 13. Pero si te es posible, es mejor narrarla con tus propias palabras para hacerla más entendible a los niños. Si solamente la lees, probablemente pierdas su atención en pocos segundos.

¡HAGÁMOSLO DIVERTIDO!

Trae a la reunión un sombrero de agricultor. Puede ser uno de esos de paja, o cualquiera que sea similar a lo que un campesino usaría. Si deseas hacerlo más atractivo, ponte un disfraz y decora el salón con figuras e ilustraciones del campo.

Consigue también cuatro tipos de tierra en diferentes recipientes, y algunas semillas para que puedas ilustrar mejor lo que vas a enseñar.

Los cuatro recipientes deben representar:

1. La tierra del camino.

2. El terreno pedregoso.

3. La tierra con espinos.

4. La buena tierra.

Ahora tú, disfrazado de agricultor, serás quien les cuente la historia en primera persona:

¡Hola, niños! Yo soy un agricultor, y les he venido a explicar por qué las palabras son semillas.

Todo agricultor sabe que sembrar no es fácil. El resultado depende mucho de la tierra donde caigan las semillas...

(Muéstrales a los niños las semillas que trajiste).

Las semillas son la Palabra de Dios, y cada tipo de tierra representa un tipo de corazón.

A continuación puedes leer Mateo 13:19-23 para que puedas explicar lo mejor posible esta comparación a los niños:

LA FE YA VA DEJANDO DE SER UNA HERENCIA DE SUS PADRES Y EMPIEZA A SER UNA DECISIÓN PERSONAL

«El camino duro en que algunas de las semillas cayeron representa el corazón de las personas que escuchan las buenas nuevas del reino y no las entienden. Por eso, cuando Satanás llega, les quita lo que se les sembró. El terreno pedregoso y poco profundo simboliza el corazón del hombre que escucha el mensaje y lo recibe con gozo, pero no hay profundidad en su experiencia, y las semillas no echan raíces profundas; luego, cuando aparecen los problemas o las persecuciones por causa de sus creencias, el entusiasmo se le desvanece y se aparta de Dios. El terreno lleno de espinos es el corazón del que escucha el mensaje, pero se afana tanto en esta vida que el amor al dinero ahoga en él la Palabra de Dios, y cada vez trabaja menos para el Señor. La buena tierra representa el corazón del hombre que escucha el mensaje, lo entiende y sale a ganar treinta, sesenta y hasta cien almas para el reino de Dios». **Mateo 13:19-23**

Puedes explicarlo a los niños así:

1. **La tierra del camino.** Es una tierra dura, que representa el corazón de las personas que escuchan las buenas nuevas del reino de los cielos y no las entienden ni las ponen en práctica, y por eso se dejan robar la semilla que han recibido.

2. **El terreno pedregoso.** Este es un tipo de terreno lleno de piedras. Nada puede crecer allí porque las plantas no pueden echar raíces profundas. Este terreno simboliza el corazón de las personas que escuchan el mensaje y lo reciben, pero no logran profundidad en su experiencia con Dios,

y por lo tanto cuando aparecen problemas su entusiasmo desaparece y se apartan de Dios.

3. **La tierra con espinos.** Esta es una tierra áspera y que lastima. Es como el corazón de las personas que se dejan agobiar por las cosas de cada día, por el dinero y las posesiones. Eso no deja crecer la semilla de la Palabra, y entonces las personas se van apartando de Dios.

4. **La buena tierra.** Este es el mejor tipo de tierra. Allí la semilla puede echar raíces y crecer. La buena tierra representa el corazón de las personas que reciben la Palabra del reino de los cielos, las pone en práctica, y salen a anunciar el mensaje a otros.

DESDE NIÑOS DEBEMOS TENER CUIDADO DE LAS PALABRAS QUE DECIMOS PORQUE LAS PALABRAS SON SEMILLAS

Pregunta a los niños qué clase de corazón quieren tener mientras les muestras otra vez los cuatro recipientes con tierra que trajiste. ¡Lo que buscamos es que anhelen tener un corazón como la buena tierra, que es fértil y apta para sembrar la Palabra de Dios y que esta crezca y de fruto!

Luego de finalizar esta parte, explícales a los niños que en el corazón no solo se siembra la Palabra del reino de los cielos. ¡Cualquier palabra puede ser sembrada en las personas! Si le mientes a alguien, esa mentira se siembra en su corazón y daña su tierra. Lo mismo ocurre si insultas a alguien, o si te burlas o lo tratas con menosprecio.

Desde niños debemos tener cuidado de las palabras que decimos porque las palabras son semillas.

Para complementar el tema puedes usar también alguno de estos versículos:

«El hombre se llena con el fruto de su boca, y se sacia con lo que habla. La lengua tiene poder para vida o para muerte; los que la aman sufrirán las consecuencias». **Proverbios 18:20-21**

«De una misma boca salen bendiciones y maldiciones. Hermanos míos, esto no debe ser así. De una misma fuente no brota agua dulce y agua salada».
Santiago 3:10-11

«Que mis palabras y mis más íntimos pensamientos sean agradables a ti; Señor, roca mía y redentor mío». **Salmos 19:14**

REFLEXIONA SOBRE LA FRASE

Ayuda a los niños y niñas a entender bien la frase clave de esta lección y el motivo por el cual deben tener esto en cuenta.

Yo cuido mis palabras porque son semillas.

Su entendimiento del tema va a depender mucho de cuánto hayan comprendido de la sección anterior, pero también puedes hacerles preguntas para que respondan a un nivel apropiado para su edad:

- ¿Qué clase de corazón desearías tener para recibir la Palabra de Dios?

- ¿Por qué debes cuidar tus palabras hacia otras personas?

- ¿Cómo podrías sembrar algo malo en alguien?

- ¿Cómo podrías sembrar algo bueno en alguien?

- ¿Cómo cuidas tu corazón de las palabras que escuchas y no te edifican?

MEDITA EN UN PERSONAJE

PINOCHO

Pinocho era un muñeco de madera que quería con todas sus fuerzas ser un niño de verdad. ¿Su problema? Era muy mentiroso. Cada vez que se metía en problemas decía una mentira para no ser descubierto, y cuando hacía eso, su nariz crecía y se volvía cada vez más larga.

Pinocho pasó por muchas aventuras, incluyendo algo parecido a lo que le pasó a Jonás: ¡Pinocho fue tragado por una ballena!

Al final de cuento, un hada le concede a Pinocho su deseo de convertirse en un niño de verdad y ser feliz con su creador, Gepeto.

Pinocho tuvo que aprender sus lecciones por las malas... y claro que hablamos de un cuento antiguo, pero aún hoy se usa esta historia para que los niños puedan reflexionar.

Qué locura sería que nuestras palabras produjeran efectos en nuestro cuerpo, ¿verdad? Imagina, por ejemplo, que cada vez que insultas o te burlas de a alguien, el cabello se te pintara de azul. O que te crecieran los ojos cuando dices una mentira. O que cuando hablas mal de alguien a sus espaldas, murmurando, tu piel se volviera verde.

En este mundo eso no sucederá, pero sí vamos a tener la voz del Espíritu Santo para guiarnos. Él nos puede ayudar a controlar las palabras que van a salir de nuestra boca, así como también puede advertirnos cuando hayamos pronunciado palabras indebidas, e incluso guiarnos a pedir perdón.

El Espíritu Santo también puede ayudarnos a reconocer cuando hemos recibido palabras de otras personas que pueden hacernos mal, de modo que podamos arrancar esas malas semillas antes de que echen raíces en nuestro corazón.

PREGUNTAS PARA LOS DISCÍPULOS:

- ¿Qué puedes hacer para que no salgan de tu boca malas semillas hacia otras personas?

- ¿Qué puedes hacer cuando escuchas palabras que te hacen mal?

MIRIAM, LA HERMANA DE MOISÉS

Hubo una ocasión en la que Miriam, la hermana de Moisés, junto con su hermano Aarón, empezaron a murmurar sobre su hermano y líder. Ellos no estaban de acuerdo con la esposa que Moisés había escogido, y a causa de eso hablaban mal de él a sus espaldas.

Ya era conocido que el pueblo hebreo continuamente se quejaba porque no tenían todas las comodidades que hubieran querido mientras andaban por el desierto. Ellos se quejaron porque tenían sed, y Moisés sacó agua de una roca. Se quejaron de que no tenían comida, y Dios les envió maná del cielo. Se quejaron luego porque el maná era lo único que comían, y Dios les envió perdices. No fue una sino varias veces que el pueblo de Dios se quejaba, y cuando eso pasaba, muchos murmuraban acerca de las aptitudes de Moisés como líder. Y aunque en cada oportunidad Dios les demostraba que Él estaba con Moisés y respaldaba su liderazgo, aun así ellos no dejaban de murmurar.

Dios tuvo que darles una lección a través de Miriam. Cuando ella empezó a murmurar contra Moisés, de pronto apareció lepra en su piel, y debido a eso tuvo que ser apartada de todos por siete días.

No es igual que la de Pinocho, pero esta historia nos muestra que Dios nos está escuchando todo el tiempo. Y aunque no vendrá a nosotros una enfermedad ni se nos notará en la piel, sí debemos estar conscientes de que nuestras palabras pueden traer consecuencias.

PREGUNTAS PARA LOS DISCÍPULOS:

- ¿Cómo te sentirías si te enteraras de que un amigo o un hermano tuyo te han criticado a tus espaldas?

- ¿Has criticado alguna vez a alguien a sus espaldas? ¿Qué puedes hacer para remediar esto, o para evitar que vuelva a ocurrir?

✋ ACCIONES CONCRETAS

Pide a los padres de tus niños que escojan un sistema de recompensas por las palabras bien sembradas, o bien diseña un sistema tú con el que puedas premiarlos la próxima clase.

La idea es que por una semana los niños deberán buscar cada día una persona en quien sembrar buenas palabras. Por supuesto, como discipulador debes estar seguro de que los niños hayan entendido el concepto de sembrar palabras de bendición, o palabras positivas, antes de realizar este ejercicio.

Explícales que en su BITÁCORA DEL DISCÍPULO deberán hacer un cuadro para poder registrar el nombre de la persona a quien dijeron algo positivo, las palabras que dijeron, y el día en el que lo hicieron. Cada vez que hayan cumplido su meta del día, deberán hacer una marquita en su cuadro, y luego recibirán su recompensa.

Las recompensas por cada meta cumplida pueden ser un dulce, una moneda, un sticker, o algún otro premio pequeño.

Este es el cuadro que debes fotocopiar o que deberán copiar en sus bitácoras:

DÍA	PERSONA	PALABRA	Marcar aquí si he cumplido mi meta diaria
LUNES	Ejemplo: mi hermano	Le he dicho que es estudioso.	
MARTES			
MIÉRCOLES			
JUEVES			
VIERNES			

Si los padres están participando, puedes sugerirles que mantengan este sistema de recompensas por más tiempo. Eso dependerá de cada familia. En cuanto a ti como discipulador, tu meta será que ellos puedan hacerlo durante toda la semana hasta la siguiente reunión.

Recuérdales también que deben copiar la frase de la semana:

Yo cuido mis palabras porque son semillas.

No olvides motivarles a que decoren las páginas de la bitácora a su gusto. Pueden hacer dibujos de las personas recibiendo sus buenas palabras, y cómo se sintieron. O pueden registrar cómo se sintieron ellos al pronunciar buenas palabras sobre otros.

Antes de finalizar la reunión, ora por los niños y niñas en tu grupo, para que ellos puedan recordar que las palabras que salen de su boca son semillas, y aprendan a cuidarlas.

Esta ha sido una lección muy importante. ¡Sigamos avanzando juntos!

LECCIÓN 6

ENFRENTA TUS TEMORES

«El miedo es una reacción. La valentía una decisión».
Winston Churchill

Todos experimentamos temores, ansiedades y miedos. El miedo es real independientemente de sus razones e incluso, cuando sus razones son fantasiosas. Y comenzamos con esta declaración porque uno de los peores temores de muchos cristianos es: expresar que sienten temor, ansiedad o miedo. Algo así como que le tenemos miedo al miedo, lo cual no solo nos pasa con esta sensación sino incluso con la tristeza, y prueba de eso es lo rápido que le decimos a alguien que perdió a un familiar que «Dios usa todas las cosas para bien» para que no esté triste... El temor es natural y hasta positivo porque emerge de nuestro instinto de auto-preservación y amor por la vida. Incluso es una expresión del amor que tenemos por otros. Lo que no es positivo es que tome control de nosotros y gobierne nuestras emociones, o peor, que tome nuestras decisiones. Pasa como con cualquier tentación. Una cosa es que una persona atractiva te llame la atención y otra es detenernos a mirar a esa persona con lujuria. Como se suele decir en ese caso, el problema está en la segunda mirada y los niños deben aprender que el temor es natural y simplemente cómo superarlo poniendo nuestras confianza en el Señor.

Prepara a los niños y niñas previamente, advirtiéndoles que en la lección de hoy hablaremos sobre la valentía. ¡Hoy aprenderemos a enfrentar nuestros temores!

🧠 AVALANCHA DE IDEAS

ACTIVIDAD: IDENTIFICA EL TEMOR

Coloca a los niños y niñas en una fila, uno junto al otro, todos mirando hacia donde estás tú. Explícales que vas a mencionar algunos temores, y que necesitas que sean muy sinceros al responder. Cuando menciones cada uno de los temores de la siguiente lista, los que crean tener ese temor deben dar un paso al frente.

UNO DE LOS MEJORES REMEDIOS PARA DESHACERSE DEL TEMOR ES CONTARLO A OTROS

Diles que este es un experimento para medir los niveles de temor del grupo. (Al hablar de grupo, disiparás la preocupación que podrían sentir por ser evaluados individualmente). Consigue una lupa o un delantal blanco para parecer un científico, y así lo harás más atractivo.

Recuérdales la importancia de decir la verdad, tal como vimos en la lección anterior. Usualmente el temor es algo que las personas quieren esconder, pero uno de los mejores remedios para deshacerse del temor es contarlo a otros.

Comienza a leer la lista, y haz una pausa luego de cada oración para que tengan tiempo de pensar:

Yo siento temor...

- a hablar delante de la gente.

- a las alturas.

- a quedarme solo.

- al agua o a nadar.

- a los perros que ladran.

- a que le suceda algo malo a alguien que amo.

- a la oscuridad.

- a no tener amigos.

- a las críticas de los demás.

A medida que vas mencionando cada uno de los puntos, pide a los niños que den un paso al frente si eso es algo que les atemoriza aunque sea un poco. Puedes ir tomando nota en una libreta de cuántos niños identifican tal o cual temor, pero aclárales que solo estás anotando el número total y no sus nombres, para que no se sientan intimidados.

De todos modos, la cantidad no es tan importante, sino que deberás observar su expresión corporal, incluso la de quienes no dieron un paso adelante. Como buen discipulador, debes aprender a mirar las actitudes de tus niños y niñas para discernir si dicen la verdad o no. En muchos casos, ellos se van a sentir tentados a no dar el paso al frente justamente por temor a lo qué dirán los demás.

Este ejercicio les enseñará a ser más sinceros con ellos mismos y con los demás, y, sobre todo, podrás conocerlos y ayudarles mejor al tratar este tipo de temas que no son tan comunes para una clase.

Finaliza compartiendo con el grupo los resultados de la «investigación». No serán resultados personales, como ya dijimos, así que dirás algo como:

«Nuestra clase de discipulado debe aprender a enfrentar diversos temores, principalmente el temor a nadar, a la oscuridad y a quedarse solo».

A trabajar para enfrentar los temores.

📝 FUNDAMENTOS DEL TEMA

El temor es una emoción intensa que está en nosotros para permitirnos reaccionar ante algún peligro o amenaza. Un perro ladrando puede producirnos cierto nivel de temor, el suficiente como para cruzar a la vereda de enfrente, pero si nos encontráramos con un tigre, seguramente sentiríamos mucho más temor. ¡Probablemente tanto que correríamos a la máxima velocidad posible! Esto sucede con situaciones de peligro real, pero también puede ocurrir con situaciones imaginarias y allí radica uno de los aspectos fundamentales para controlar al temor y que no nos controle a nosotros.

Entonces, si el temor en sí no es malo, ya que nos ayuda a protegernos y resguardarnos del peligro, ¿cuál es el problema? El problema es que cuando crece demasiado, o cuando aparece por cosas irreales, es una barrera que nos frena e impide avanzar. Ese es el temor que debemos superar.

¿Por qué hablar del temor con los niños?

EL TEMOR EN SÍ NO ES MALO, EL PROBLEMA ES QUE CUANDO CRECE DEMASIADO, O CUANDO APARECE POR COSAS IRREALES, ES UNA BARRERA QUE NOS FRENA E IMPIDE AVANZAR

Porque el temor es limitante. Detiene los sueños e incapacita a los niños, reduciendo las posibilidades de que sean efectivos en el reino de los cielos. Muchas veces los niños no crecen en distintas áreas, como por ejemplo el servicio o la adoración, porque tienen miedo de no poder, de no ser aceptados, de lo que digan los demás, etc.

«Los niños sanos creen que pueden mejorar la vida de otros y no tienen los temores que nosotros tenemos como adultos. Como padres debemos ser sabios y no sofocar esos deseos y sueños de nuestros hijos. Esta es la edad en que sienten que todo lo que imaginan puede llegar a ser realidad».
Elisa Shannon Brown (Trabajemos en familia)

Por eso justamente es que debemos hablar del temor. Para no heredarles nuestras propias limitaciones a los niños.

Para poder vencerlo, debemos comprender primero que el temor se mueve por ciclos. Se origina con una mala experiencia que no queremos volver a repetir. El temor a repetir esa experiencia nos produce más adelante incapacidad para reaccionar de forma adecuada. Esa incapacidad nos hace volver a tener una mala experiencia, y de ese modo el ciclo se repite.

Así es como se ve el ciclo del temor:

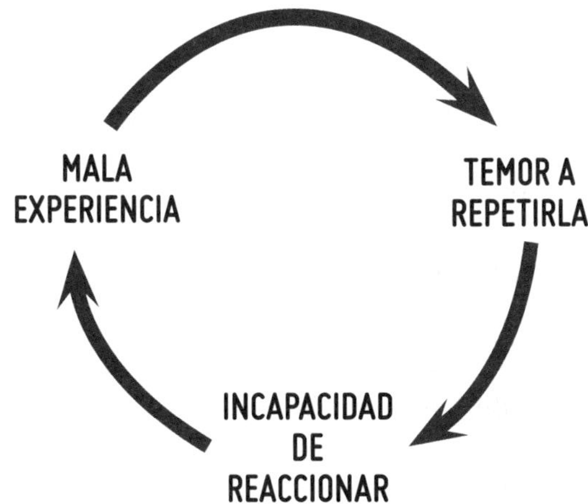

Por ejemplo:

- Una persona lanza a un niño a la piscina para que aprenda a nadar.

- El niño no logra nadar, y casi se ahoga.

- El niño no quiere volver a repetir esa experiencia, y por eso le tiene miedo al agua.

- Incluso de más grande, no puede aprender a nadar, o al menos se le dificulta mucho.

- Cada vez que entre a una piscina, ese temor volverá.

Entender este ciclo del temor nos hace ver lo importante que es tratar el tema con nuestros niños y niñas. Muchas de las actitudes que tienen las personas adultas son originadas por algún tipo de temor que sienten y que no han podido resolver, y esto va moldeando sus conductas, impidiéndoles ser libres. El temor, entonces, se convierte en una prisión que tiene encarcelada a la persona durante toda su vida y que no le deja ser lo que ha sido llamada a ser.

Pasos para enfrentar el temor:

IDENTIFICAR EL TEMOR.

- Explorar el momento en que apareció en tu vida.

- Recordar cómo reaccionaste en esa escena.

- Entender los factores irreales de aquel temor.

- Acudir a la Palabra de Dios para poner en el Señor el fundamento real de tu confianza y seguridad.

- Dar pasos concretos para liberarte del temor.

Aquí hay un ejemplo práctico que puedes usar para explicarles el tema a los niños:

Una vez que has identificado cuál es el temor que quieres enfrentar, deberás recordar cuándo y en qué circunstancias fue que apareció en tu vida. Observa los sentimientos que aún te provoca esa escena al recordarla. Cuando busques entender los factores irreales, intenta tener un criterio objetivo. En el ejemplo de nadar, el factor irreal sería pensar que podrías ahogarte en una piscina en la que puedes estar de pie en el fondo y tener la cabeza fuera del agua sin problema. De este modo puedes comprobar claramente que tu temor no es real. Luego debes acudir a Dios y pedirle fuerza, valor, y protección, para enfrentar ese temor y ser libre de él. ¡Darás pasos pequeños al principio, hasta que poco a poco te irás liberando!

Por supuesto, cada caso será diferente, pero esta es al menos una idea general de cómo ir enfrentando los temores que reconocemos en nuestra vida.

¡Seremos mucho más libres y felices sin ellos!

¿Qué hay con los perros agresivos, o el estar cerca del borde en la terraza de un edificio alto? Bueno, hay temores que son lógicos y nos ayudan a protegernos del peligro. Pero hay otros que no son buenos porque nos limitan. Tenerle miedo al agua nos impide aprender a nadar, ¡y eso nos quita una buena experiencia que podríamos disfrutar! Por eso es bueno aprender desde pequeños a diferenciar los temores que sirven para cuidarnos, de aquellos que nos frenan y nos impiden crecer.

📖 ILUMÍNATE CON LA VERDAD

Varias veces Jesús les dijo a sus discípulos que no temieran. Uno de los pasajes más famosos es cuando Jesús caminó sobre el agua. Los discípulos estaban en una barca en medio de aguas agitadas, y de pronto apareció alguien caminando sobre el agua… ¡claro, lo primero que pensaron es que se trataba de un fantasma! Jesús tuvo que gritarles que no, que no tuvieran miedo, ¡que era Él!

«Mientras despedía a la multitud, Jesús les pidió a los discípulos que se subieran a la barca y se fueran al otro lado del lago. Al quedarse solo, Jesús subió al monte a orar.

La noche sorprendió a los discípulos en medio de las aguas agitadas y luchando contra vientos contrarios. A las tres de la mañana Jesús se les acercó, caminando sobre las aguas turbulentas. Los discípulos, al verlo, gritaron llenos de espanto:

—¡Es un fantasma!

Pero Jesús inmediatamente les gritó:

—¡Calma! ¡No tengan miedo! ¡Soy yo!

—Señor —le respondió Pedro—, si realmente eres tú, ordena que también yo camine sobre el agua y vaya hasta donde tú estás.

—Está bien; ¡ven!».

Mateo 14:22-29

A veces, cuando vemos cosas sobrenaturales, podemos pensar que las fuerzas del enemigo son más fuertes por el temor que producen. Pero en este pasaje podemos aprender varias cosas:

- **Jesús es sobrenatural.** Eso quiere decir que Él está por encima de las cosas naturales, y puede hacer cualquier cosa.

- **Jesús puede vencer al temor.** ¡No hay ninguna cosa tan grande que Jesús no la pueda vencer!

- **Jesús nos dice a nosotros que también podemos vencer el temor.** Si nosotros estamos unidos a Jesús, podemos enfrentar el temor con su ayuda.

NO SE TRATA DE FINGIR QUE EL TEMOR NO EXISTE, SINO DE PODER AVANZAR SOBRE ÉL

Caminar sobre el agua en este caso representa caminar sobre el temor. No se trata de fingir que el temor no existe, sino de poder avanzar sobre él. Eso quiere decir que aunque el temor exista no debe controlarnos, sino que debemos nosotros controlar al temor y someterlo a Cristo.

Usualmente, cuando el temor nos invade, es porque somos engañados en la mente para pensar en cosas contrarias a lo que Dios nos ha dicho.

Miren este otro pasaje:

«El Espíritu que es don de Dios, no quiere que temamos a la gente, sino que tengamos fortaleza, amor y dominio propio». **2 Timoteo 1:7**

Es importante que tus niños y niñas sepan que Dios les ha entregado un espíritu que puede vencer al temor, pues es un espíritu lleno de fortaleza sobrenatural y divina, de amor y de dominio propio.

 REFLEXIONA SOBRE LA FRASE

La frase clave de esta lección servirá para que se afirme en los niños y niñas lo que han aprendido:

Con Jesús puedo vencer al temor.

Recuerda que tu labor es ayudarles a pensar, y luego a creer. No queremos que crean ciegamente, porque ese tipo de fe se acaba pronto.

PREGUNTAS PARA REFLEXIONAR:

- ¿Qué significa caminar con Jesús?

- Cuándo venga el temor, ¿cómo puedo hacer para vencerlo con su ayuda?

 MEDITA EN UN PERSONAJE

Recuerda que esta sección puede ser usada como tú desees. Tal vez elijas usar ambos personajes, o solo uno de ellos, para ilustrar el tema. También puede ser que no quieras usar ninguno, o que prefieras elegir otro ejemplo que te parezca más apropiado para tu grupo. ¡La decisión es tuya!

Por otra parte, ten en cuenta que cuando se trata de personajes de películas, es una buena alternativa tener listo un video con el tráiler o algunas escenas de la misma. Esto es útil para activar los sentidos y mantener a los niños interesados y alertas.

LOS CROODS

La historia de esta película transcurre en la prehistoria, en un tiempo en que los seres humanos apenas estaban aprendiendo a defenderse de las cosas del mundo. Tenían que hacerle frente a desastres naturales, terremotos, animales enormes y muchas cosas más.

Los Croods son una familia de esa época, y se han acostumbrado a vivir dentro de una cueva. Nadie puede alejarse demasiado, y la regla general es tenerle miedo a todo. Grug, el patriarca, el padre de la familia, así les ha enseñado.

Entonces aparece Guy, un chico que viene de afuera, y que ha investigado el mundo y ha aprendido a vencer todos los obstáculos que se le presentaron. Guy ya no vive con temor como los Croods. ¡Él vive en libertad!

PREGUNTAS PARA LOS DISCÍPULOS:

- ¿Qué temores tienes tú?

- ¿Qué temores tienen los miembros de tu familia?

- ¿Hay algún temor que hayas «aprendido» de tu familia?

- ¿Crees que se puede ser libre de esos temores? ¿Cómo?

PEDRO

La Biblia no oculta nada, y para ninguno de los escritores bíblicos ha sido un problema describir con todo detalle lo que en verdad sucedió. Ese es otro de los argumentos que hacen de la Palabra de Dios un instrumento confiable y verdadero.

Se dice que Pedro fue muy cercano a Jesús. Desde el día que sus ojos espirituales fueron abiertos y tuvo la certeza de que Jesús era el Cristo, todo en la vida de Pedro cambió. Pedro había sido un pescador impetuoso y fuerte, capaz de cargarse al hombro todo el arduo trabajo que su oficio requería. Por ese mismo carácter fuerte, Pedro era quien hacía las preguntas que los otros no se animaban a hacer, y tenía mayor iniciativa que el resto de sus compañeros. Todo eso era positivo, pero también tuvo que lidiar con aspectos de su carácter que al parecer no podía controlar. Pedro era impulsivo, ¡a tal punto que en un arranque de ira decidió cortar la oreja de uno de los que querían apresar a su Maestro! Jesús tuvo que corregir su abrupta reacción haciendo un milagro y colocando de nuevo la oreja en su lugar. Fue también Pedro quien negó a Jesús, aunque poco antes había dicho apresuradamente que jamás lo dejaría solo.

Pedro era impetuoso y de carácter fuerte. Sin embargo, la Biblia nos relata una ocasión en la que Pedro tuvo que enfrentar el temor. Era de noche, y los discípulos se encontraban en una barca luchando contra el viento y las aguas agitadas. De repente, se les apareció Jesús caminando sobre el agua. Ellos pensaron que se trataba de un fantasma, pero Jesús les dijo que no temieran, que era Él. Pedro entonces le dijo que si de verdad era el Maestro, le ordenara caminar hacia donde Él estaba. Jesús así lo hizo, y Pedro comenzó a caminar sobre las aguas... hasta que se dio cuenta de lo que estaba haciendo y vio lo enormes que eran las olas a su alrededor. ¿Qué ocurrió entonces? Pedro sintió miedo, y comenzó a hundirse. «¡Señor, sálvame!», le gritó a Jesús. Y la Biblia nos dice que, extendiendo la mano, Jesús lo sujetó. ¡Por supuesto, todos los que estaban en la barca se maravillaron y reconocieron que verdaderamente Jesús era el Hijo de Dios!

De esta historia podemos aprender que cuando sentimos temor, si clamamos a Jesús, Él nos tomará de la mano y nos ayudará.

PREGUNTAS PARA LOS DISCÍPULOS:

- ¿Qué fue lo que hizo que Pedro casi se hundiera?

- ¿Qué fue lo que hizo Pedro para salvarse?

- ¿Qué fue lo que hizo Jesús cuando Pedro le pidió ayuda?

- ¿Qué puedes hacer tú cuando sientas temor, y qué crees que hará Jesús?

 ACCIONES CONCRETAS

¿Cómo vencemos el temor? ¡Usando las armas que la Biblia nos da para vencerlo!

Para cerrar esta lección, enséñales a tus niños estos 4 conceptos bíblicos poderosos:

1. La verdad derrota al temor.

«Entonces Jesús les dijo a los judíos que creyeron en él: –Si ustedes se mantienen obedientes a mis enseñanzas, serán de verdad mis discípulos. Entonces conocerán la verdad, y la verdad los hará libres». **(Juan 8:31–32)**

Conocer la verdad, que es Jesús, nos permite ser libres de muchas cosas, entre ellas del temor. Si no conocemos la verdad de Dios expresada a través de Cristo, permaneceremos en temor.

2. El amor derrota al temor.

«No hay por qué temer a quien tan perfectamente nos ama. Su perfecto amor elimina cualquier temor. Si alguien siente miedo es miedo al castigo lo que siente, y con ello demuestra que no está absolutamente convencido de su amor hacia nosotros». **(1 Juan 4:18)**

Si el amor perfecto que viene de Dios es real, entonces sabemos que el temor será echado fuera, porque Dios es amor. Si Dios está en nosotros, no hay lugar para el temor.

3. La fe derrota al temor.

«Sin fe es imposible agradar a Dios. El que quiera acercarse a Dios debe creer que existe y que premia a los que sinceramente lo buscan». **(Hebreos 11:6)**

Sin fe es imposible agradar a Dios; por lo tanto el temor puede ser una manifestación de falta de fe, o de incredulidad. ¡Desarrollar nuestra fe y ponerla en práctica nos hace vencer todo temor!

4. El valor derrota al temor.

«Esfuérzate y sé valiente, no temas ni desmayes, porque el Señor tu Dios estará contigo dondequiera que vayas». **(Josué 1:9)**

Ya Dios lo ha ordenado: no debemos tener miedo ni dejar que las circunstancias nos desanimen. ¡El Señor nos manda a ser fuertes y valientes!

¡Ahora vamos a la BITÁCORA DEL DISCÍPULO!

Durante la semana los niños deberán pegar una fotografía o hacer un dibujo que represente alguna de estas cuatro armas que tenemos contra el temor. (O si lo desean, ¡pueden dibujar las cuatro!)

Para elegir la fotografía o dibujo podrían hacerse las siguientes preguntas:

- ¿Cómo es que la verdad derrota al temor?

- ¿En qué manera el amor derrota al temor?

- ¿Cómo puede la fe derrotar al temor?

- ¿Cómo es que el valor derrota al temor?

No olvides poner al tanto a los padres sobre esta tarea para que ellos también puedan poner estos principios en práctica en sus hogares.

Antes de finalizar, recuerda pedirles a los niños que apunten en sus bitácoras la frase de la semana:

Con Jesús puedo vencer al temor.

¡Ora para que tus niños y niñas puedan tomarse de la mano de Jesús y avanzar por la vida libres de temores!

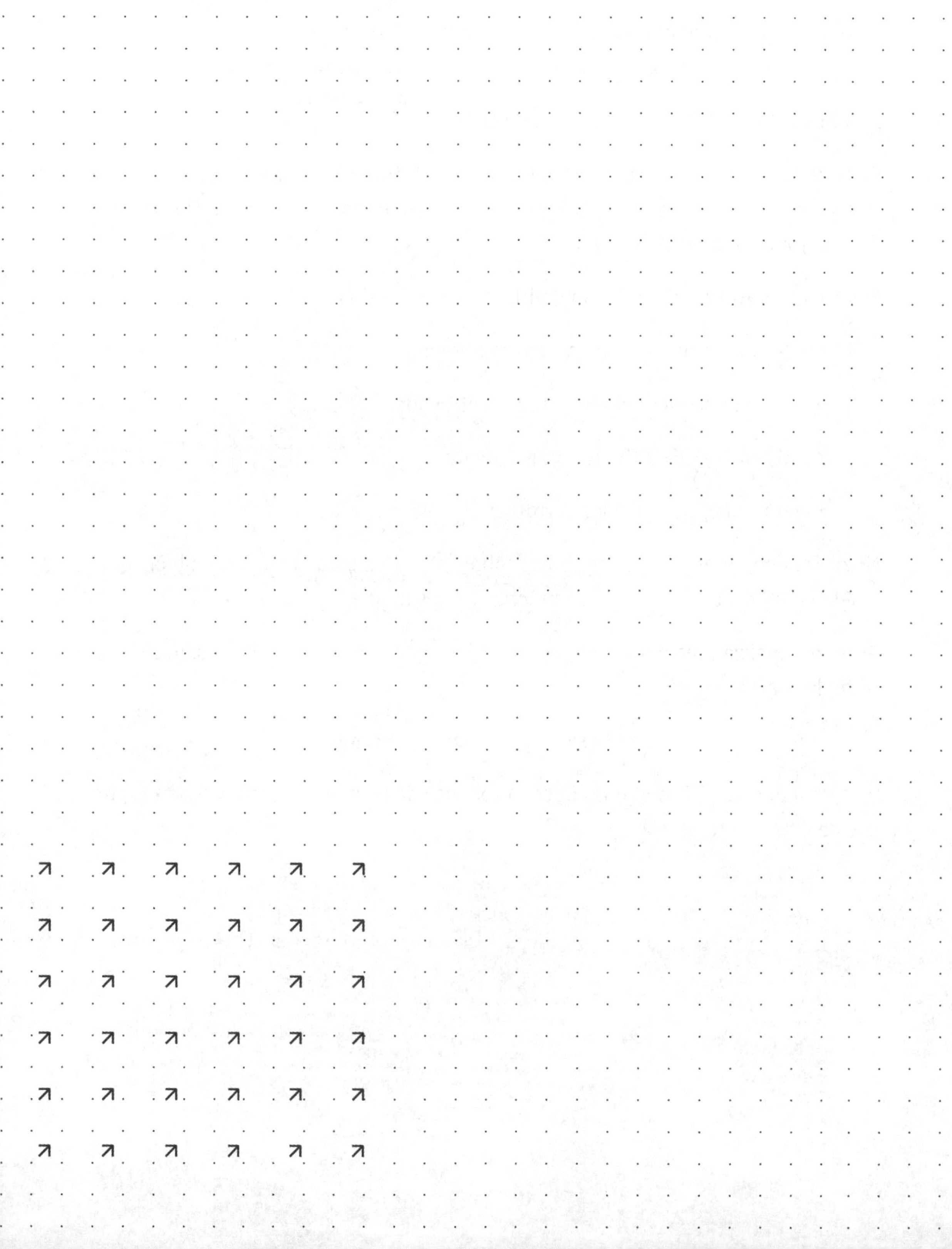

LECCIÓN 7

LA CRISIS DE LA VERGÜENZA

*«La vergüenza es un lente oscuro que no te deja
notar el brillo de la luz».*

Valeria Leys

La vergüenza se origina a partir del sentimiento de vulnerabilidad y es interesante que la Biblia le menciona de entrada como reacción de Adán y Eva a su pecado. Sin embargo, no siempre tiene que ver con el pecado sino con alguna experiencia que luego nos impida dar con claridad nuestros «no» y nuestros «sí» y expresar nuestras opiniones y sentimientos y por eso así como con el temor, tenemos que aprender a gestionarla y tenerla bajo control.

La vergüenza puede estar provocada por numerosos factores. Puede ser consecuencia de la falta de conformidad, la culpa, secretos, al status o la competencia y puede impedirnos crecer, hacer lo que es correcto o lo que es más conveniente para nuestro desarrollo y por eso este es otro tema importante para los niños.

🧠 AVALANCHA DE IDEAS

ACTIVIDAD: COMPETENCIA DE EMOCIONES

Planifica un concurso para ver quién es mejor interpretando las emociones humanas. Para esto, debes preparar carteles o fotografías que expresen las diferentes emociones que podemos experimentar:

- Si estamos felices, reímos como locos. (Imagen de risa)

- Si nos golpeamos, nos quejamos. (Imagen de queja)

- Si algo nos entristece, lloramos. (Imagen de llanto)

- Si nos avergonzamos, nos ponemos rojos y queremos escondernos. (Imagen de vergüenza)

- Etc.

Explícale al grupo que hoy van a explorar algunas de las emociones que sentimos los seres humanos. A continuación muéstrales una a una las imágenes que preparaste, y diles que conforme vayan saliendo ellos deberán imitarlas, pero siempre debe ser de forma exagerada. Saca las imágenes cada vez más rápido. Esto hará que se mezclen las interpretaciones de las diferentes emociones y de seguro provocará algunas risas.

Luego de este «precalentamiento», cuéntales una historia como la siguiente y diles que cuando escuchen una reacción deben interpretarla de la misma manera: muy exagerada. ¡Adviérteles que habrá premios al final para los mejores intérpretes!

Aquí la historia:

*Estaba yo caminando por la calle y vi un payaso que hacía **reír** a todos con sus malabares. La gente **reía** y **reía**. Un señor que pasaba caminando, al quedarse viendo al payaso no se dio cuenta y golpeó su cabeza contra una pared. «¡Ay, ay!», se **quejaba** de dolor el lastimado señor. Mientras él se **quejaba** de dolor tomándose la cabeza con las manos, todos se burlaban de él. **Reían** como locos, ya no del payaso, sino ahora del pobre señor que se golpeó la cabeza.*

*De la **vergüenza**, el hombre se **sonrojó** y quiso **esconder su rostro** para que nadie lo viera, pero como todos se seguían burlando, él se puso a **llorar**. Y **lloró** y **lloró**...*

*Una buena anciana que también estaba allí se acercó al hombre, le extendió la mano con una **sonrisa**, y le dijo: «¡A mí me han pasado cosas peores!». Eso le* *devolvió la alegría al hombre, que entonces simplemente se echó a **reír** por lo que le había sucedido.*

Si deseas darle mayor intensidad a la actividad, lleva láminas con las imágenes y colócalas en el suelo. El reto será que cuando cuentes la historia, los niños deberán imitar la emoción, pero también ir corriendo a pisar la lámina con la imagen correcta. Verás que algunos lo harán más rápido que otros, y que muchos en el apuro se confundirán y correrán a la lámina incorrecta. No detengas la historia; sigue contando, y haz un fuerte énfasis en la voz cuando llegues a cada palabra que refiere a una emoción.

Si tu reunión es virtual, puedes mostrar las imágenes a la cámara y pedirles que dejen el micrófono abierto para poder escuchar las actuaciones de cada uno. Tendrás que hacer algunas pausas hasta que los niños dejen de reírse o llorar, pero será muy divertido. El efecto también será similar, y la entrega de premios puede ser por medio de imágenes en la pantalla.

Aquí tienes una lista sugerida de premios que debes entregar:

- Premio a la mejor carcajada.

- Premio a la queja de dolor más dolorosa.

- Premio al llanto con mayor tristeza.

- Premio a la mejor actuación de sonrojarse y esconderse de la vergüenza.

FUNDAMENTOS DEL TEMA

La vergüenza es una de esas emociones que nos pueden perseguir desde niños hasta que somos adultos. Nadie se salva de atravesar momentos de vergüenza, pues la vida siempre nos pondrá en situaciones que podrían avergonzarnos. ¡Es justamente por eso que necesitamos aprender a lidiar con esas emociones, enfrentarlas y superarlas!

Es un reto para todo discipulador el lograr conquistar la confianza de los niños y niñas para poder entrar en temas que requieran hablar de sentimientos y emociones. Sobre todo en el caso de la vergüenza, que usualmente provoca incomodidad y una tendencia a querer esconder aquello que se siente.

Aprendamos lo que sucede con los niños:

- Tienen poca capacidad para lidiar con asuntos emocionales. En esta etapa apenas están aprendiendo a asimilar los sentimientos negativos, y aún están confundidos acerca de cómo funcionan las acciones, reacciones y emociones de las demás personas y las suyas propias.

- Aprenden a levantar barreras. Cuando un niño o niña atraviesa una situación vergonzosa tiende a esconderlo. No quiere hablar de ello, y le cuesta muchísimo relacionar esa situación con los valores aprendidos.

- Se enfoca en sus deficiencias. Una situación de vergüenza hace que el niño fije su mirada en sí mismo y señale a cierta parte de su ser como la culpable o la responsable de esa situación.

- Tienen reacciones emocionales diversas. Cada niño es diferente. Algunos pueden aislarse, otros volverse víctimas de cualquier circunstancia, y otros pueden vivir temerosos, o volverse tiranos y ejercer poder o violencia.

¡Advertencia!

Una vez que abrimos un tema como estos, es probable que nos encontremos con situaciones graves como abuso sexual, violencia intrafamiliar y otros temas que serán complicados de enfrentar. En casos así, te sugerimos ponerte en contacto con profesionales en psicología o consejeros bíblicos de experiencia para poder tratar estas cosas más a fondo.

¿POR QUÉ ES IMPORTANTE TRATAR EL TEMA DE LA VERGÜENZA?

Sucede mucho en los niños, y hasta la preadolescencia, que los chicos se guardan muchas de las cosas que ocurren en su ser interior. Esto puede afectarles en su futuro, en el desarrollo de su personalidad, e incluso en la forma en que enfrentarán los problemas y crisis que les toque vivir años después. De hecho, muchos adultos manifiestan problemas en sus relaciones, en su conducta, en el trabajo, etc., solo porque tienen temas inconclusos que no superaron con éxito en estas primeras etapas de la vida y es bueno que sepas que en muchos países si te enteras de abuso de menores debes reportarlo a las autoridades.

Además, siendo que hoy en día el tema del bullying está tan presente en todos los sectores de la sociedad, es importante darles herramientas a los niños y niñas para que aprendan a defenderse, en el buen sentido, de este tipo de ataques sociales.

Algunas situaciones que pueden producir vergüenza en los niños son:

- **Expectativas sociales no cumplidas.** No conseguir amigos en su entorno social puede provocarles un sentir de que nadie los quiere o acepta.

- **Bullying y otros tipos de acoso.** Esta es una de las situaciones que producen mayor vergüenza entre los niños. El hecho de ser perturbado por alguien que denigra tu integridad en cualquier nivel no es cosa leve.

- **Fracaso escolar.** Dar mal una lección, obtener la nota más baja de la clase, decir mal una palabra frente a todo el mundo, cualquiera de estas situaciones produce mucha vergüenza.

- **Una experiencia bochornosa.** Una caída frente a todos, un pantalón roto o mojado por accidente, o cualquier cosa que los ponga en evidencia delante de los demás, todas estas situaciones son vividas con mucha angustia por parte de los niños.

«Todos los niños sometidos a circunstancias como las apuntadas o similares están viviendo conflictos de ansiedad y culpabilidad que les resulta más

fácil canalizar en una reacción contra la escuela que dirigir
contra los mayores directamente».
(Pedagogía y Psicología Infantil: El período escolar)

¿CÓMO MANEJA UN NIÑO O NIÑA LA VERGÜENZA?

Las situaciones vergonzosas son interpretadas por los niños en forma de rechazo. Por eso, la reacción más común frente a esto es la misma: rechazar.

Este rechazo puede manifestarse de diferentes formas:

- Evitan juntarse con otros niños.

- Empiezan a odiar el asistir a la escuela.

- Se rehúsan a hablar sobre el tema que les abruma.

- Pueden volverse tímidos y ensimismados.

LAS SITUACIONES VERGONZOSAS SON INTERPRETADAS POR LOS NIÑOS EN FORMA DE RECHAZO. POR ESO, LA REACCIÓN MÁS COMÚN FRENTE A ESTO ES LA MISMA: RECHAZAR

La vergüenza está relacionada con la baja autoestima y la poca confianza en sí mismos. Tu labor como discipulador es ayudar a los niños a ir construyendo una autoestima sana y una autopercepción positiva.

«El tema de la autopercepción es complejo, y es clave en el ser humano en general, pero más en la consolidación de las personitas que están en formación... Si la autopercepción de un niño se encuentra dañada, lastimada, o violentada, esto va a traer consecuencias en su desarrollo, comportamiento e interacción con los demás».
Laura Gutiérrez (Manual de consejería para niños)

Muy bien. Esta sección te ha dado ideas alrededor de las cuales puedes tener conversaciones importantes con los padres de tus niños, y te ha dado la información que necesitarás como discipulador para guiar a los niños a una vida libre de las ataduras de la vergüenza. ¡Ahora es tiempo de enseñarles!

📖 ILUMÍNATE CON LA VERDAD

¿Qué dice la Biblia sobre la vergüenza?

La primera vez que se habla de la vergüenza es en este pasaje del libro del Génesis:

«Aunque en ese tiempo el hombre y la mujer estaban desnudos, no se sentían avergonzados». **Génesis 2:25**

Antes del comer del fruto prohibido, es decir, antes de pecar, vemos que Adán y Eva:

- Eran libres de la vergüenza.

- Andaban desnudos sin avergonzarse.

Pero luego, ¿qué sucedió?

«Tan pronto lo comieron, se dieron cuenta de que estaban desnudos y sintieron vergüenza. Entonces cosieron hojas de higuera para cubrir su desnudez». **Génesis 3:7**

Después de tomar del fruto prohibido, es decir, cuando pecaron, Adán y Eva:

- Se avergonzaron.

- Se escondieron de Dios.

- Tuvieron que conseguirse hojas para tapar su desnudez.

¡Allí apareció la vergüenza! ¡Y sí, fue una consecuencia del pecado! Por eso, cada vez que desobedecemos a Dios tenemos esa especie de ganas de escondernos, así como lo hicieron Adán y Eva.

A partir de allí, la vergüenza se esparció por el mundo, y hoy en día es una de las herramientas que más usa el enemigo para detenernos. ¡Si logra hacernos sentir avergonzados, entonces sabe que esto nos limitará y nos impedirá cumplir el propósito de Dios en nuestra vida!

Ahora, lee con tus niños el siguiente pasaje:

> *«Las naciones vecinas se ríen y se mofan de nosotros por todo el mal que nos has enviado. Nos has convertido en el hazmerreír de las naciones; todos los pueblos se burlan de nosotros. Soy constante objeto de humillación; se me cae la cara de vergüenza. Todo lo que escucho son las burlas de los que me quieren poner en ridículo. Todo lo que veo son los deseos de venganza de mis enemigos».* **Salmo 44:13-16**

La persona que escribió este Salmo se sentía muy avergonzada, porque todos los otros pueblos se burlaban del suyo. ¡Quizás el bullying exista desde antes de lo que se cree!

¿Te has sentido abrumado alguna vez por un sentimiento de vergüenza?

Hay muchos pasajes en la Escritura que hablan de la vergüenza, pero a fin de cuentas si buscamos una solución todo apunta directamente a Jesús. La Biblia dice que Él fue quien se llevó nuestra vergüenza. Comparte con tus niños este versículo:

> *«Mantengamos fija la mirada en Jesús, pues de él viene nuestra fe y él es quien la perfecciona. Él, por el gozo que le esperaba, soportó la cruz y no le dio importancia a la vergüenza que eso significaba, y ahora está sentado a la derecha del trono de Dios».* **Hebreos 12:2**

Jesús es nuestro modelo a seguir. Él perfecciona nuestra fe cuando nos hace ver que ya cargó toda vergüenza en favor nuestro.

La forma en que murió Jesús fue humillante y vergonzosa.

¿Por qué crucificaron desnudo a Jesús? Para que pudiera llevarse la vergüenza de la desnudez que vino desde el tiempo de Adán y Eva.

¡Nosotros hoy somos parte de esa humanidad que ha sido rescatada del castigo de la muerte y de la vergüenza del mundo, para ser acogidos en el reino del Hijo de Dios! (Colosenses 1:13)

Explícales esto a tus niños: Si Jesús pudo cargar toda la vergüenza sobre Él, y levantarse de la tumba en victoria, entonces nosotros podemos acudir a Él para que nos libre de toda vergüenza y nos ayude a vencer aquellos sentimientos de deshonra que podrían perseguirnos.

¡Por eso es que debemos mantener la mirada fija en Él!

PARA CONVERSAR CON TUS NIÑOS:

¿Qué cosas podrían avergonzarte?

- Que alguien te trate mal o se burle de ti.

- Que te vaya mal en la escuela.

- Sentir que otros no te aceptan, o no sentirte parte del grupo.

- Cometer un pecado que te trae vergüenza delante de Dios.

¿Qué debes hacer en cada caso?

- Si alguien te trata mal o se burla de ti debes aprender a perdonarlo y a no guardarle rencor. ¡El perdón te traerá libertad de la vergüenza!

- Si sacaste malas notas y por eso te sientes incapaz o poco inteligente, debes saber que las notas no reflejan quién eres en verdad. De hecho, ¡eres una persona muy valiosa! La nota que saques en una materia puede ser baja, pero también puede cambiar y mejorar. Eso no cambia quién eres en realidad.

- Si sientes que no te aceptan en un grupo, no te resientas con ellos. La mayoría de las personas que tienden a rechazar a otros lo hacen porque también han sido rechazadas. Tú debes evitar que esto te afecte, y aprender a no rechazar a nadie.

- Si cometiste un pecado debes arrepentirte y pedirle perdón a Dios. La culpa y vergüenza que sientes por haber hecho algo malo se irá cuando recibas el perdón de tu Padre Celestial.

REFLEXIONA SOBRE LA FRASE

Vamos a hacer un ejercicio de reflexión, pero esta vez no será sobre una sino sobre varias frases, y lo haremos de una forma divertida: ¡con el juego de «verdadero o falso»!

Copia las frases en un pizarrón o ve leyéndolas una a una mientras les das tiempo para pensar y responder:

- Cuando hay algo que me avergüenza debo esconderlo y que nadie se entere.____

- La vergüenza me perseguirá por siempre.____

- El sentimiento de vergüenza puede ser derrotado gracias a Jesús.____

- La vergüenza no tiene importancia, no debo hacerle caso.____

- La vergüenza y la culpa son la misma cosa.____

Puedes explicar cada frase y luego dejar que los niños vayan dando sus razones de por qué eligieron una u otra respuesta. Al final, aclara sus pensamientos si ves que están confundidos en algún punto.

La frase clave que deben aprender los niños esta semana es:

Jesús llevó toda mi vergüenza.

Más tarde la anotaremos en las bitácoras para que no la olviden.

 # MEDITA EN UN PERSONAJE

HIPO

Hipo era un adolescente del pueblo vikingo que había crecido lleno de complejos. Berk era una isla donde todos los vikingos crecían aprendiendo a ser los más fuertes guerreros. Pero Hipo era diferente. No tenía tantos músculos como los demás chicos de su edad, y por eso sufría las burlas del pueblo entero. Todos se entrenaban para cazar dragones, y viendo a Hipo, nadie hubiera creído que podría llegar a defender al pueblo de ningún dragón que les atacara.

De hecho, Hipo se hizo amigo de los dragones, pero antes de eso tuvo que luchar contra la desaprobación de todos. Hipo no encajaba en el grupo. Era diferente, y simplemente por eso no era bien visto. Todos lo rechazaban, y el muchacho terminó metido en una prisión de vergüenza y autocondenación.

Hipo era un chico inseguro, como muchos chicos de su edad hoy en día, y no se sentía en libertad para hablar de esto con su padre ni con ninguna otra persona. Incluso más adelante en la película, cuando fue capaz de domar a un dragón único en su tipo, Hipo aún no sentía que fuera alguien idóneo para ser considerado un verdadero vikingo.

Ser el hazmerreír del pueblo trajo al corazón de Hipo una gran vergüenza que lo incapacitó para enfrentar los problemas de la vida. Él sufría por quién era y por cómo lo veían los demás. Afortunadamente, a lo largo de la película podemos ver su proceso de abandonar la vergüenza y la inseguridad, para convertirse en lo que había sido llamado a ser: un gran entrenador de dragones.

PREGUNTAS PARA LOS DISCÍPULOS:

- ¿Te has sentido alguna vez lleno de vergüenza como Hipo? ¿En qué circunstancia, o por qué causas?

- ¿Crees que la vergüenza domina algún aspecto de tu vida? ¿Cuál, y por qué?

- ¿Qué crees que podrías hacer para ser libre de la vergüenza?

JUAN EL BAUTISTA

Jesús conoció a Juan desde antes de nacer, cuando ambos estaban en el vientre de sus madres. Aunque la Escritura no menciona mucho sobre su niñez y adolescencia, es muy probable que, al ser el hijo de la prima de María, Juan haya Sido alguien muy cercano a Jesús en los años de su crecimiento. Ya llegando a la juventud o edad adulta, Juan reaparece en la Biblia como alguien que ha recibido la instrucción de Dios para empezar a bautizar a todos los que desearan acercarse a Él.

Juan caminaba en el desierto y allí bautizaba a la gente. Sus ropas eran de pelo de camello, y su alimento era miel silvestre y langostas (no el crustáceo marino, sino unos grillos enormes).

A JUAN NO PARECÍA IMPORTARLE SU IMAGEN NI LO QUE OTROS PUDIERAN PENSAR DE ÉL. A JUAN LE IMPORTABA MÁS SU PROPÓSITO

Ya solo con esta breve descripción podemos darnos cuenta que él era una persona que el resto consideraría «extraña». Sus ropas y su alimento no eran algo común en su época, ni tampoco su forma de vivir en el desierto como un ermitaño. Su predicación era dura, pero sin embargo Juan llevaba a muchos al arrepentimiento y a volverse a Dios. Así era necesario que sucediera, pues este hombre venía a preparar el camino para la llegada del Mesías.

Es interesante observar que a Juan no parecía importarle su imagen ni lo que otros pudieran pensar de él. A Juan le importaba más su propósito; aquello para lo cual había sido llamado por Dios. ¡Lo más seguro es que mucha gente hablara mal de él a sus espaldas, pero eso no lo detuvo en absoluto! Juan estaba tan comprometido con su llamado que decidió no hacer caso a ninguna de las estrategias que usó el enemigo para intentar detenerlo.

El ejemplo de Juan el Bautista es poderoso. Él evitó ser vencido por la vergüenza porque consideraba que era más valioso su llamado que lo que otros pudieran decir de él. Él no buscaba la aprobación de los hombres. Más importante que su vestimenta o lo que comía, era lo que había venido a hacer para el reino de Dios.

PREGUNTAS PARA LOS DISCÍPULOS:

- ¿Cuándo, o en qué ocasión has sentido vergüenza por tu forma de vestir o por lo que haces?

- ¿Cuándo, o en qué ocasión has sentido que tu imagen es más importante que tu propósito?

- ¿Qué ejemplo podemos tomar de Juan el Bautista en este aspecto?

ACCIONES CONCRETAS

Diles a tus niños que tomen su BITÁCORA DEL DISCÍPULO y apunten la frase de la semana:

Jesús llevó toda mi vergüenza.

Luego, pídeles que dibujen el siguiente esquema, que llamaremos «el círculo de confianza». La idea es que puedan ubicarse a sí mismos en el centro de un círculo en el que estén rodeados de personas en las que pueden confiar.

Aquí te presentamos la base para el gráfico, pero lo ideal sería que ellos completen cada círculo con los nombres de personas concretas. Pueden hacerlo solos o con la ayuda de sus padres en casa si es que las familias te están acompañando en este esfuerzo de discipulado.

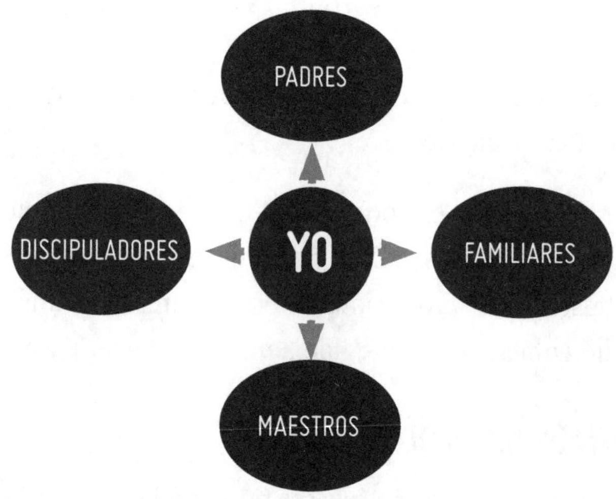

Por último, aquí tienes una lista de consejos que sería bueno compartir con tus niños:

– SI HAY ALGUIEN QUE LOS ESTÁ AVERGONZANDO:

- Instruye a tus niños para que sepan con quién pueden contar en su familia. Diles que recurran al círculo de confianza para compartir con alguien lo que está sucediendo.

- Hazles saber que también pueden contar contigo. ¡Por eso es importante que estés en el círculo!

- Enséñales a manejar las distintas situaciones:

- Diles que los sentimientos no son buenos o malos; son reacciones naturales del ser humano por las cosas que nos suceden.

- Explícales que es normal sentirse avergonzado por algo, pero que si hay alguien que los molesta, deben avisarle a alguien para que pueda detenerlo.

- Enséñales que es importante saber decir que no. Nadie los puede tocar de forma indebida, ni pedirles que hagan cosas que no están bien.

- Anímales a hacer un compromiso de contarle cualquier cosa que les haga sentir avergonzados a sus padres o a sus líderes, para que puedan ayudarlos.

SI SE SIENTEN AVERGONZADOS POR ALGO MALO QUE HICIERON:

- Hazles saber que Dios siempre está listo para perdonarnos. Si le dicen cómo se sienten por haber hecho algo malo, se arrepienten, y le piden perdón, pueden tener la seguridad de que Dios los perdonará.

- Enséñales a orar. Que aprendan a pedirle a Jesús que les quite la vergüenza por haber pecado.

- Diles que no es necesario vivir para siempre con la culpa. No podemos seguir sintiéndonos culpables por algo que hicimos, si ya le hemos pedido perdón a Dios. Hay que recibir ese perdón y saber que Dios es fiel a su promesa.

ÚLTIMOS CONSEJOS PARA EL DISCIPULADOR:

- Comunícate con empatía. No dejes que los niños sientan que te asustas con lo que te cuentan, o que enciendes la alarma para exponerlos. Hazles sentir confianza.

- Respeta su espacio. Nunca fuerces a un niño a contarte algo que no quiere. Más bien gánate la confianza suficiente como para que en algún momento lo haga.

- Analiza la gravedad de los casos. No es igual un caso de bullying que un caso de abuso sexual. En ocasiones deberás pedir ayuda o reportar la situación a quien corresponda.

- Cuenta con un equipo de profesionales como psicólogos, consejeros, o terapeutas que puedas recomendar a la familia en los casos más graves.

- Acompaña a tus niños en su conflicto. No podrás resolver todos sus problemas, pero podrás acompañarles mientras se van resolviendo.

Termina la lección orando para que cada uno de tus niños y niñas tenga un encuentro real con Jesús que le permita vivir libre de las ataduras de la vergüenza.

LECCIÓN 8

EL VALOR DE LA AMISTAD

La amistad nace en ese momento en que una persona le dice a otra: «¿Tú también? Pensé que era el único».

C. S. Lewis

Si has leído esa historia sabrás que el caballero de la armadura oxidada sufrió muchas penurias cuando su armadura se le quedó pegada al cuerpo. Él pensaba tener una vida perfecta, pero este hecho le hizo caer en la cuenta de que estaba solo, no porque los otros se hubieran distanciado, sino porque él había alejado a todos. Pensaba ser un buen padre y esposo, pero estaba muy equivocado. No fue hasta que hizo algunos amigos mientras buscaba la solución a su problema, que pudo entender lo que estaba mal en su vida.

Los amigos son importantes en del desarrollo de una persona. Es por eso que una de las grandes metas que tenemos como discipuladores es ayudar a nuestros niños y niñas a escoger bien a sus amigos.

El caballero de esta historia, imposibilitado de quitarse la armadura que se le había oxidado, tuvo que depender de sus nuevos amigos para comer, para beber, para levantarle el ánimo y para recibir consejo. ¡No se trata de tener muchos amigos, sino de tener los amigos adecuados!

¡NO SE TRATA DE TENER MUCHOS AMIGOS, SINO DE TENER LOS AMIGOS ADECUADOS!

Por eso, hoy hablaremos de la amistad y del valor que esta tiene.

🧠 AVALANCHA DE IDEAS

Esta parte de la lección tiene el propósito de ayudar a los niños y niñas a activar sus sentidos y enfocarse en el tema que se va a tratar. Debe ser una actividad dinámica y diferente, lo suficientemente creativa como para despertar en ellos el anhelo por aprender, pero siempre apuntando al tema del cual se estará hablando.

ACTIVIDAD: MI COMPAÑERO DE JUEGOS

Para esta actividad deberás pedirles a los niños con anticipación que cada uno traiga a la reunión un muñeco que tenga en su casa y que considere especial. Cualquier juguete con el que puedan interactuar mientras juegan estará perfecto.

Tú también deberás traer un muñeco y dirigir con él la reunión: el muñeco que lleves se convertirá en el maestro. Habla como si fueras el muñeco, con una voz que resulte divertida para los niños. Si no te sientes con la habilidad para eso, invita a un adolescente o joven que pueda hacerlo.

Para comenzar la reunión, cada uno deberá presentarle al grupo su muñeco y contar el motivo por el cual ese juguete en particular es especial para ellos. Cuida muy bien que haya una atmósfera de respeto y que nadie se burle de lo que otros dicen, para que ningún niño sea avergonzado ni se sienta mal por abrirse al grupo y compartir lo que siente por su muñeco. A estas edades, puede ser que algunos niños todavía sientan que su oso de peluche o su muñeca favorita son sus mejores amigos, mientras que otros niños más grandes pueden haber «superado» esta etapa y tal vez vean esto como algo demasiado «infantil». Enséñales a respetar y valorar las opiniones de todos.

Luego de que cada uno haya compartido el motivo por el cual ese muñeco es especial, guíalos a que hablen de la amistad. Hazles las siguientes preguntas y deja que todos digan sus respuestas y opiniones en voz alta como si fuera una lluvia de ideas...

Un amigo o amiga, ¿es especial? ¿Qué es lo que hace especial a un buen amigo o amiga?

¿Es más valioso un amigo que un objeto? ¿Por qué sí, o por qué no?

Como ya hemos dicho, muchos niños llegan a considerar a sus juguetes como sus primeros amigos, y eso está bien. La idea es ayudarles a madurar un poco en el mundo de las relaciones: que puedan comenzar a valorar más la amistad que las cosas materiales, y que aprendan a ser buenos amigos y amigas.

FUNDAMENTOS DEL TEMA

«El mejor maestro del mundo estableció y modeló Él mismo lo que, después de mucha investigación, los educadores han reconocido como el vehículo ideal para transmitir cualquier conocimiento: EL AMOR».
Héctor Hermosillo (Pastorea a tu hijo adolescente)

Una cosa es construir una relación y otra cosa es valorarla. Todo niño necesita aprender a construir relaciones sabiamente, y saber qué valor darle a un amigo o amiga.

Deja que el muñeco o títere que has traído les explique a los niños:

¿Sabías que...?

- La amistad es como una casa muy, pero muy grande.

- Construir una amistad es como construir una casa.

- Al construir una casa le puedes poner un jardín, un patio, muchas plantas... y es muy importante poner paredes sólidas para que nunca se caiga.

Pregunta para los niños: ¿Qué cosas debes poner en una amistad para que sea firme y sólida como una gran casa? (Deja que los niños respondan...)

Sigue hablando el títere:

A veces suceden cosas que hacen que las paredes de una casa corran el riesgo de caerse, como cuando viene un terremoto. Niños, ¿qué pasa cuando hay un terremoto? ¡TODO TIEMBLAAA! (Haz que se tomen de la mano y finjan estar en un terremoto).

Una amistad a veces pasa por terremotos. ¿Qué cosas pueden ser como un terremoto para una amistad? (Deja que ellos respondan, y luego completa tú la lista...).

- **Peleas.** Cuando dos amigos tuvieron un mal entendido.

- **Ofensas.** Cuando dices algo que hiere a tu amigo.

- **Envidia.** Cuando no te alegras por las cosas buenas que le suceden a tu amigo.

- **Abandono.** Cuando te alejas de tu amigo o él se aleja de ti.

¿Y qué podemos hacer para evitar los terremotos en la amistad?

- Aprender a conversar antes de pelear.

- Frente a cualquier ofensa, saber perdonar y también pedir perdón.

- Alegrarnos cuando algo bueno le sucede a un amigo.

- Nunca abandonar a nuestros amigos.

Continúa hablando el títere:

¿Quién tiene buenos amigos? (Deja que todos los niños levanten la mano o griten para responder).

¡Que se ría mucho el niño o niña que tenga más amigos!

¡Que grite mucho el niño o niña que tenga más amigos!

¡Que silbe muy fuerte el que tenga más amigos!

Y cuando venga un TERREMOTO... (Haz que todos se tomen de las manos y finjan el terremoto...) ¡ya sabemos qué hacer para cuidar nuestra amistad!

📖 ILUMÍNATE CON LA VERDAD

Lee con tus niños este versículo del libro de Proverbios:

«Hay amigos que nos llevan a la ruina, pero hay amigos más fieles que un hermano». **Proverbios 18:24**

Con este versículo podemos aprender dos cosas:

- Hay amistades que nos llevan a la ruina. Las malas amistades nos pueden hacer mucho daño.

- Hay amigos que son más fieles que un hermano. Hay amigos con quienes podemos contar siempre, y son tan unidos como nuestros hermanos.

AYUDA A TUS NIÑOS A ENTENDER LO IMPORTANTE QUE ES PARA UN DISCÍPULO ESCOGER BIEN A SUS AMIGOS

¡Por eso debemos escoger bien nuestras amistades!

Miren este otro versículo:

«El consejo sincero de un amigo endulza el alma, como el perfume y el incienso alegran el corazón». **Proverbios 27:9**

¿Qué podemos aprender de este versículo?

- Los buenos amigos nos dan buenos consejos.

- Un buen amigo nos alegra la vida.

Al ver todos estos puntos, ayuda a tus niños a entender lo importante que es para un discípulo escoger bien a sus amigos.

 REFLEXIONA SOBRE LA FRASE

La frase de esta semana habla del mejor amigo que existe: ¡Jesús!

Jesús es el mejor amigo que puedo tener.

Recuerda que no será suficiente con que los niños anoten esta frase en sus bitácoras, ni con que se la aprendan de memoria. ¡Es necesario que reflexionen sobre lo que la frase significa, para que puedan apropiarse de ella y así pueda transformar sus vidas!

- ¿Puedes ver a Jesús como un amigo?

- ¿Cómo sabes que puedes contar con Jesús en todo momento?

MEDITA EN UN PERSONAJE

SONIC

Un erizo de color azul con grandes poderes eléctricos y velocidad supersónica vino a la Tierra desde el planeta Movius. Sonic era tan rápido que podía pasar desapercibido entre los seres humanos, y nadie podía percatarse de su presencia.

Pero tenía un problema: estaba solo. ¿Y quién puede soportar una vida sin amigos?

Un día, mientras jugaba en un campo de béisbol, se sintió furioso por no tener amigos e hizo una rabieta tan fuerte que provocó un enorme apagón en toda la ciudad. Por ese motivo, el malvado científico Robotnik empezó a perseguirlo, para aprovecharse de sus poderes. Sonic se refugió en casa de Tom, el alguacil del lugar, y este lo ayudó a escapar de Robotnik.

Así, juntos, empezaron una travesía que los llevaría a convertirse en mejores amigos. Tom en un principio arriesgó su vida para proteger al simpático erizo azul, y luego Sonic hizo lo mismo para salvar a todo el pueblo de Robotnik, que para ese momento ya se había vuelto loco.

¡Desde entonces, Sonic tiene grandes amigos!

PREGUNTAS PARA LOS DISCÍPULOS:

- ¿Te has sentido alguna vez solo o sola como Sonic al principio? ¿En qué ocasión?

- ¿Tienes algún amigo o amiga con el que puedas contar en cualquier circunstancia?

- ¿Eres tú la clase de amigo con el que se puede contar siempre?

DAVID Y JONATÁN

El rey Saúl estaba muy enojado con David. Desde que ese muchacho dejó de ser pastor de ovejas y se convirtió en un guerrero matando a ese gigante Goliat, provocó tantos celos en Saúl que ahora este lo perseguía para matarlo.

Pero David no estaba solo. Él tenía un buen amigo: Jonatán. Así es, ni más ni menos que el hijo del rey Saúl se había convertido en el mejor amigo de David. Ambos habían construido una amistad tan fuerte que nada ni nadie podía separarlos.

Al enterarse de que el rey quería matarlo, David decidió huir de Saúl. Pero no podía hacerlo sin ayuda. ¿Quién crees que le ayudó?

Así es, su mejor amigo Jonatán. Él sabía que su papá no estaba haciendo lo correcto al perseguir a David. ¡Qué difícil situación para Jonatán! Tuvo que decidir entre contarle la verdad a su padre acerca de dónde estaba David, o ayudar a escapar a su amigo.

Gracias a que Jonatán eligió lo correcto y ayudó a escapar a David, poco después David se convirtió en rey. A Jonatán le pesó mucho tener que elegir entre su padre y su amigo, pero nos hizo ver a todos el valor que tiene una amistad.

PREGUNTAS PARA LOS DISCÍPULOS:

- ¿Cómo crees que llegaron David y Jonatán a tener una relación de tanta confianza?

- ¿Tienes amigos así? ¿Te gustaría tenerlos? ¿Cómo crees que podrías conseguirlo?

🖐 ACCIONES CONCRETAS

Empieza esta última sección asegurándote de que todos los niños copien en su BITÁCORA DEL DISCÍPULO la frase de la semana:

Jesús es el mejor amigo que puedo tener.

Si estuviste usando el muñeco o títere para dirigir la reunión hasta esta parte, puedes continuar esta sección de la misma manera.

Cuando hayan terminado de copiar la frase, explícales que la tarea para la semana será hacer un dibujo sobre cualquier parte que les haya gustado de la lección de hoy. Puede ser un dibujo de uno de los títeres o muñecos, o puede ser sobre David y Jonatán, sobre el erizo Sonic, o incluso pueden dibujar el rostro de un amigo o amiga a quien aprecian mucho.

Después de eso, cuando tengan el dibujo terminado y pintado, pídeles a tus niños que enseñen a sus padres lo que aprendieron sobre la amistad. ¡Recuerda que el mayor porcentaje del aprendizaje se obtiene cuando enseñamos en nuestras propias palabras lo que aprendimos!

Diles que pueden emplear algún títere o muñeco también en casa para contarles a sus familias lo que estuvieron trabajando durante la reunión. ¡Así les resultará más divertido! No se trata de que repitan cosas de memoria para verificar que aprendieron. Más bien la idea es que cuenten lo que experimentaron en la clase, y a través de ese ejercicio se podrá notar lo que han asimilado.

No olvides mantenerte en contacto con los padres para que promuevan en casa el trabajo de los niños en sus bitácoras cada semana. Con tantas tareas escolares y otras ocupaciones, los niños podrían olvidarlo o no darle demasiada importancia. También puede ser que tengan temor o vergüenza de compartir lo que están aprendiendo con sus padres. ¡Ayúdales a superar eso!

Al terminar esta clase te animamos a que invites a orar a u niño y una niña, e incluso, no es mala idea que los prepares de antemano. El tema de la amistad es muy cercano para ellos y puedes indicarles que uno ore para que todos los niños de la clase encuentren buenos amigos y el otro que ore para que cada uno de ellos sea buen amigo.

LECCIÓN 9

EL DISEÑO PERFECTO DE DIOS

«Antes que los montes fueran creados, antes que la tierra fuera formada, tú eras Dios sin principio ni fin».

Salmos 90:2

Dios hace todas las cosas bien y todo es bueno bajo el sol cuando le damos el uso que Dios quiere que le demos. Hoy nuestros niños y niñas no escucharán eso incluso a veces de gente que va a una iglesia cristiana. Llamamos a lo bueno malo y a lo malo bueno y existen un montón de teorías e ideologías que le cambian el uso y el propósito a todas las cosas. Es como si alguien entró en una tienda de noche y les cambió las etiquetas a todas las cosas y por eso es vital que les enseñemos que no hay nada más inteligente que hacer la voluntad de Dios.

🧠 AVALANCHA DE IDEAS

ACTIVIDAD: CREATIVIDAD EN MARCHA

Materiales: Plastilina, cartulinas y lápices de colores.

Para la lección de hoy, puedes pedir a cada niño que traiga una cartulina, ya sea blanca o de color, y también un pedazo de plastilina de cualquier color. O, si tu ministerio tiene fondos para materiales, puedes comprarlos tú mismo.

¿De qué se trata esta actividad?

Como primer paso, pídele a cada discípulo que invente una figura y que la diseñe sobre la cartulina usando la plastilina. Puede ser algo de la creación de Dios o algo que no exista, algo imaginario. No hay límites en esto. La única condición es que la figura tenga algo real y algo inventado por ellos.

Explícales que cuando todos hayan terminado, cada niño deberá presentar su creación frente al grupo, contando todas las características que esta tiene. Podrán hablar de su tamaño, de si está viva o es algo inerte, de cómo crece, de para qué es bueno o qué utilidad tiene si es un objeto, etc.

Antes de que se pongan a trabajar debes asegurarte de que entendieron bien la idea. Aquí tienes un ejemplo, pero puedes darles varios ejemplos similares hasta que sientas que todos comprendieron.

Ejemplo:

- Mi creación es un árbol.

- Lo real: Da sombra a muchos animales y es tan grande como una casa.

- Lo inventado: Es de color púrpura y sus ramas tienen forma de pajaritos.

Al finalizar, puedes dejar «en exposición» en el salón las creaciones de los niños e invitar a las familias a que las vean. (Si tienen los nombres de cada niño escritos será mejor). O bien puedes enviar a cada niño a casa con su obra de arte para que pueda mostrársela a su familia.

FUNDAMENTOS DEL TEMA

Dios usó su capacidad creadora para idear un universo lleno de maravillas y repleto de detalles sorprendentes. La delicadeza de las rosas y de las mariposas contrasta con las imponentes montañas, y la luz de los astros en el cielo se derrama sobre los ríos y mares que corren imparables para bañar la tierra seca.

Aunque mucha gente dude de su existencia, ¡Dios es el creador de todo lo que existe, y su creación es perfecta!

Algunos mitos que debemos derribar en las mentes de los niños:

- «La ciencia es contraria a la fe». En realidad, la ciencia no contradice a la Biblia, e incluso puede servir de soporte para ratificar sus verdades. ¡Enseñemos a nuestros niños que la fe y la ciencia no son opuestas, sino que se complementan!

> **¡ENSEÑEMOS A NUESTROS NIÑOS QUE LA BIBLIA ES TAN REAL COMO LA CIENCIA!**

- «La ciencia es real y la Biblia es fantasía». El sistema escolar, y en algunos casos la misma teología, se han encargado de separar estas dos cosas. ¡Enseñemos a nuestros niños que la Biblia es tan real como la ciencia!

- «Las cosas de Dios y de la fe nunca se pueden explicar». A menudo la gente piensa que la ciencia es verificable y que las cosas de la fe no se pueden explicar. ¡Enseñemos a los niños que hay cosas de la ciencia y cosas de la fe que se pueden explicar perfectamente, así como también hay cosas tanto de la ciencia como de la fe que no se pueden explicar por completo!

«¡Cuánto daño ha hecho la narrativa de que la ciencia se fundó enfrentándose a la iglesia! ¡Todo lo contrario! Fueron personas inspiradas en el Dios que planteaba la Escritura que vieron razonable adquirir conocimientos con la observación inteligente, la lectura del libro de la naturaleza».
Alex Sampedro (Artesano)

Pon en la mente de los niños estas nuevas verdades con soporte bíblico:

- Dios creó la fe y también la ciencia. ¡Dios lo hizo todo!

- La Biblia es real y puede ser verificada en su totalidad.

- Hay cosas que ni la ciencia no la fe pueden explicar.

Ten en cuenta que la enseñanza se quedará más grabada en los niños si empleas distintos elementos para representar lo que les estás diciendo. Por ejemplo, podrías usar una bombilla eléctrica o una lupa para hablar de la ciencia, y una cruz o una Biblia para hablar de la fe.

Pero, ¿por qué la Biblia es tan difícil de comprender?

CUANDO DIOS HACE ALGO, LO HACE PERFECTO

Bueno, hay porciones de las Sagradas Escrituras que requieren un poco más de estudio para ser comprendidas en su totalidad, y hay otras que son más «amigables» para que los niños las lean. Lo que debemos lograr es que ellos estén convencidos de que todo lo que está allí escrito es real, y que no es una invención de los seres humanos.

A continuación te presentamos una serie de verdades para compartir con los niños:

LA CREACIÓN DE DIOS ES UN DISEÑO PERFECTO

Cuando Dios hace algo, lo hace perfecto. No hay ningún detalle que se le escape.

- Dios hizo el mundo lleno de ciencia, con leyes físicas, propiedades químicas y principios universales que el hombre ha ido descubriendo a lo largo del tiempo.

- Dios hizo al hombre con una capacidad moral para reconocer el bien y el mal, y para poder elegir hacer lo bueno.

- La naturaleza funciona a la perfección gracias a que Dios lo hizo todo perfecto, aunque a veces el ser humano se ha encargado de dañar la perfección de Dios. ¡Por eso debemos cuidar la creación!

«Los escritores bíblicos sabían la diferencia entre ficción y realidad, y Dios le dio indicaciones a cada uno de ellos mientras escribían cuidadosamente

sobre sus experiencias con él». **Josh McDowell (Los niños demandan un veredicto)**

EL DISEÑO DEL SER HUMANO ES PERFECTO

- La ciencia ha podido confirmar que el ser humano es una compleja y detallada maravilla que funciona a la perfección.

- Muchos de los inventos que ahora nos hacen la vida más fácil han sido inspirados en el funcionamiento del cuerpo humano o en la naturaleza.

LAS LEYES QUE RIGEN EL UNIVERSO LAS PUSO DIOS

- Hay leyes físicas que gobiernan el mundo natural.

- Hay leyes morales que gobiernan el comportamiento de los seres humanos.

- Hay leyes espirituales que gobiernan la dimensión sobrenatural.

Otro punto que deben comprender los niños es que la creación no se puede imitar. No existe nada ni nadie que pueda replicar lo que Dios ha hecho. El ser humano puede intentar reproducir algo similar en base a lo que ya existe, tomándolo como modelo, pero jamás podrá crear algo a partir de la nada.

Ahora bien, si todo es tan perfecto y especial, está clarísimo que debe haber un diseñador inteligente detrás, ¿verdad? ¡Claro que sí! ¡Ese es nuestro gran Dios!

📖 ILUMÍNATE CON LA VERDAD

Para empezar la siguiente sección, una buena idea sería proyectar un video que muestre las maravillas de la creación de Dios. Naturaleza, animales de todas las especies, ríos y mares.

Otra buena idea podría ser que consigas un delantal blanco y representes a un científico. ¡Eso hará que los niños presten más atención!

Explícales que hay un responsable de la creación, y ese es nuestro Dios. Lean juntos el siguiente versículo:

«Toda casa es hecha por un constructor, pero Dios es el que construye todo lo que existe». **Hebreos 3:4**

El ser humano, gracias a que fue hecho a la imagen de Dios, es capaz de crear a través del arte y de la ciencia. Sin embargo, esta creación es más bien una transformación de algo que ya existe...

- Un edificio requiere ladrillos, hierro, y otros materiales que se unen para formar algo diferente. (Aquí puedes mostrar imágenes de cómo se construye un edificio, o llevar a la clase algunas pequeñas maderas y algo de masa para unirlas, simulando que construyes algo).

- Un artista puede tomar un lienzo en blanco y pinturas de colores, y transformarlo en una obra de arte. (Aquí puedes tener preparados los elementos necesarios y actuar como si fueras un artista, pintando rápidamente algunos trazos para ilustrar lo que estás diciendo).

¡Pero solo Dios es capaz de crear de la nada! O, mejor dicho, a partir de su voz...

«Por la palabra del Señor fueron creados los cielos, y por el soplo de su boca las estrellas». **Salmos 33:6 (NVI)**

Ahora anima al grupo:

- ¡Que levante la mano aquel que pueda crear una pintura!

- ¡Ahora el que pueda inventar un cuento!

- ¡Levante su mano el que pueda construir un castillo de arena!

- ¡Y ahora, que levante su mano quien pueda inventar algo que aún no existe, usando materiales que tampoco existen! (¡Imposible! Los seres humanos no podemos crear a partir de la nada. ¡Solamente Dios puede hacerlo!)

A continuación, explícales a los niños que así como Dios creó la naturaleza, también creó al ser humano.

> *«De modo que Dios creó a los seres humanos a su imagen. Sí, a su imagen Dios los creó. Y Dios los creó hombre y mujer».* **Génesis 1:27**

Es por eso que si tú eres un discípulo de Cristo y eres fiel a lo que la Biblia dice, sabrás que solamente existen esos dos géneros biológicos: hombre y mujer. Así lo hizo Dios, y su diseño siempre es perfecto. ¡Cualquier cosa fuera de ese diseño es simplemente una desviación del plan de Dios para el ser humano!

Además, la Biblia dice que Dios nos creó con un propósito:

> *«Somos creación de Dios, creados en Cristo Jesús para hacer las buenas obras que Dios de antemano ya había planeado».* **Efesios 2:10**

Dios tenía un plan para la humanidad, y era que hagamos siempre cosas buenas.

¿Cómo podríamos resumir lo que hemos visto hasta aquí?

- Dios es el creador de todo. Es a la vez constructor e inventor.

- Dios hizo todas las cosas por medio de su palabra.

- Lo hizo todo perfecto para que cumpla un propósito.

- El propósito del ser humano es hacer buenas obras.

- Dios diseñó a los seres humanos como hombres y mujeres. Cualquier cosa que se aparte de esto está fuera de su diseño.

Muchas personas no quieren vivir conforme al diseño perfecto de Dios, y por eso inventan nuevas formas de vivir, nuevos criterios acerca del amor, y nuevas formas de pensar. Pero hagan lo que hagan, si las cosas que hacen están fuera del diseño que Dios planeó, entonces no son buenas obras.

> *«Porque, todo fue creado por Dios, existe por él y para él».* **Romanos 11:36**

 REFLEXIONA SOBRE LA FRASE

La frase de esta semana es:

El plan de Dios es perfecto.

Ayuda a los niños a reflexionar con algunas preguntas:

- ¿En qué cosas de la creación o de la naturaleza puedes notar el diseño perfecto de Dios?

- ¿Qué cosas en este mundo se han desviado del plan de Dios?

- ¿Para qué fuimos creados los seres humanos?

MEDITA EN UN PERSONAJE

WOODY

Andy amaba a su juguete de la infancia. Woody era el vaquero que todo niño quisiera tener. Él había sido diseñado para ser un fiel compañero. Y nunca podría olvidar esto, ya que tenía el nombre de su amigo escrito en su bota.

Toy Story es una de las películas más famosas entre los niños porque le dio vida al mundo de los juguetes. Gracias a Woody y sus amigos pudimos imaginar lo que sucede entre los juguetes cuando las personas no están cerca. Fue así como los juguetes llegaron al corazón de niños y grandes, y *Toy Story* se hizo famosa por sacar unas cuantas lágrimas, incluso a los padres.

¿Qué hizo esto posible? El diseño. Woody no era simplemente un juguete. Él tenía sentimientos, era un líder, mostraba bondad y paciencia a todos. Pero sobre todas las cosas, Woody estaba diseñado para ser un amigo fiel. ¡Jamás se alejaría de Andy, porque sentía que había sido diseñado para estar con él para siempre! Y aunque las diversas aventuras que tuvo que atravesar podrían haberlo desviado de este camino, Woody nunca olvidó el propósito para el cual había sido creado: ser el mejor compañero que un niño pudiera tener.

PREGUNTAS PARA LOS DISCÍPULOS

- ¿Cómo crees que se hubiera sentido Woody si en determinado momento de la película hubiera decidido olvidar el propósito para el cual había sido creado?

- ¿Cómo crees que lo hizo sentir el hecho de permanecer fiel a su propósito hasta el fin?

ESTER

Cuando Ester fue llamada por el rey Asuero para ser parte de la corte de doncellas de entre las cuales escogería una esposa, ella supo que tenía un propósito grande. Durante un año entero pasó por todos los procesos necesarios para purificarse y poder estar delante del rey, y cuando finalmente eso sucedió, Asuero la escogió de inmediato y la hizo su reina. Hasta ese momento Ester había sido protegida por su primo Mardoqueo, ¡y de pronto pasó a vivir en el palacio del rey!

Hadasa (ese era el nombre hebreo de Ester), era una muchacha inteligente, y supo seguir el consejo de Mardoqueo y callar su identidad y la de su pueblo, pues de lo contrario, el rey persa pudo haber decidido matarla.

El libro de Ester nos cuenta la historia de cuando, por maquinaciones del malvado Amán, Mardoqueo y todo el pueblo hebreo estuvieron a punto de morir por culpa de un edicto del rey, quien había sido manipulado por Amán.

Ester actuó sabiamente y logró salvar a todo su pueblo, y no solo eso, sino que también logró que su primo Mardoqueo fuera reconocido en un lugar de privilegio dentro del imperio que el rey Asuero gobernaba.

¡Ella sabía que había nacido para un propósito grande, y ese propósito evidentemente era salvar al pueblo de Dios de ser aniquilado! Ese había sido el diseño perfecto de Dios, y su voluntad perfecta se cumplió en Ester.

PREGUNTAS PARA LOS DISCÍPULOS

- ¿Qué podemos aprender de la historia de Ester?

- ¿En qué sentido puede ser Ester un ejemplo para nosotros?

ACCIONES CONCRETAS

Haz que los niños copien la frase clave de esta lección en su BITÁCORA DEL DISCÍPULO:

El plan de Dios es perfecto.

Y dale Romanos 12:2 para leer y memorizar en la semana:

«No se amolden a la conducta de este mundo; al contrario, sean personas diferentes en cuanto a su conducta y forma de pensar. Así aprenderán lo que Dios quiere, lo que es bueno, agradable y perfecto».

La tarea para esta semana será la siguiente:

Cada discípulo deberá investigar acerca de un animal que haga algo asombroso solamente por el instinto que Dios puso en él.

Por ejemplo:

- Las abejas construyen colmenas con un nivel de precisión impresionante.

- Las hormigas construyen hormigueros increíblemente complejos.

- Los murciélagos no tienen ojos, pero tienen un radar que, empleando los sonidos, les permite ubicarse para no chocar contra las cosas y para poder encontrar su comida.

Cada niño deberá hacer un dibujo, pegar una fotografía, o escribir en su BITÁCORA DEL DISCÍPULO un párrafo sobre aquello que investigó.

¿Qué ganamos con esta actividad?

- Los niños podrán ver en ejemplos reales y prácticos las maravillas de la creación de Dios.

- Es una nueva oportunidad para que ellos trabajen con sus padres, investigando juntos.

- Todo lo que aprendan les dará argumentos para responder a aquellos que menosprecian el hecho de que Dios creó todas las cosas.

No olvides destinar un tiempo de la siguiente clase para que puedan compartir con el grupo lo que han investigado durante la semana.

Termina la reunión orando para que tus niños y niñas anhelen vivir siempre dentro del plan y diseño de Dios.

LECCIÓN 10

LO BUENO Y LO MALO

«Cuando el Señor te aclare que debes seguirlo en esta nueva dirección, enfócate completamente en Él y rehúsa ser distraído por comparaciones con otros».

Charles R. Swindoll

El final de este material se acerca pero el del Proyecto Discipulado, no. En esta lección es vital llevarlos a decidir que siempre seguirán creciendo en parecerse a Jesús aunque un día dejen de ser niños y no estemos nosotros o sus padres.

Desde el comienzo de las lecciones insistimos en que el discipulado es un proceso a largo plazo porque la formación del carácter de Cristo en un discípulo es una carrera que dura toda la vida. Es una maratón y no unca carrera de velocidad.

Esta última lección titulada «Lo bueno y lo malo» apunta a poner bases firmes en los niños y niñas de tu grupo para que aprendan a tomar decisiones propias cuando sus adultos no les estemos mirando.

LA FORMACIÓN DEL CARÁCTER DE CRISTO EN UN DISCÍPULO ES UNA CARRERA QUE DURA TODA LA VIDA

No podemos asegurarnos que serán perfectos, pero sí que saben distinguir lo que es correcto y lo que no y decidan evitarlo no por esquivar un regaño de sus adultos sino porque entienden que el pecado es verdaderamente malo, malo, malo.

🧠 AVALANCHA DE IDEAS

ACTIVIDAD: EL ABISMO

Consigue una cinta adhesiva de color blanco y forma con ella un camino todo a lo largo del salón donde organices tus reuniones. Deben ser dos líneas paralelas de cinta separadas por el ancho de un pie o 30 cm aproximadamente. El largo dependerá de la cantidad de participantes que tengas en tu grupo de discipulado.

El juego se llama «El abismo». Cuéntales la siguiente historia:

Este es un camino angosto ubicado en lo alto entre dos montañas. Sirve para cruzar de un lado al otro. A los costados hay un profundo abismo del que no se conoce su fin, y este es el único camino conocido para llegar al otro lado. Ya están todos parados sobre el camino, pero al llegar al otro lado se encuentran con un vigilante que les exige ciertas condiciones que el grupo debe cumplir para poder pasar.

Tú, como discipulador, deberás elegir esas condiciones. Aquí hay algunos ejemplos de lo que podrías solicitar:

- Colocarse en orden de estatura.

- Colocarse por edad, o según la fecha de nacimiento dentro del año, comenzando por los que cumplen en enero.

- Colocarse en orden alfabético, por la inicial del primer nombre.

Para lograr el orden que el vigilante solicita, ellos deberán ponerse de acuerdo, ayudarse unos a otros, y participar activamente. Mientras el juego transcurre, debes ir recordándoles que hay un abismo a los lados. Si alguien sobrepasa la línea marcada con cinta en el piso, deberá salir del grupo, o bien todos empezarán de nuevo. Dales algunos intentos para que se diviertan con la actividad, pero crea las tensiones adecuadas como para que la tarea no les resulte tan fácil.

Puedes elegir tantas condiciones distintas como desees, pero no le dediques demasiado tiempo pues como toda actividad dinámica, puede resultar tediosa si no se para a tiempo. El consejo es detenerla cuando sea el mejor momento y todos estén disfrutando, así querrán hacerla de nuevo en otra oportunidad.

 FUNDAMENTOS DEL TEMA

Dios sabía que el ser humano estaba en riesgo de tomar malas decisiones e inclinarse hacia la maldad. Por eso creó varios límites para que todos nosotros podamos mantenernos seguros dentro de ellos. ¡Es necesario aprender y ejercitar el dominio propio para evitar salirnos de los límites que Dios sabiamente ha colocado en el mundo!

¡ES NECESARIO APRENDER Y EJERCITAR EL DOMINIO PROPIO PARA EVITAR SALIRNOS DE LOS LÍMITES QUE DIOS SABIAMENTE HA COLOCADO EN EL MUNDO!

«Necesitamos ayudarles a entender que sin dominio propio serán los mejores candidatos a convertirse en esclavos de las tentaciones que crucen su camino. Aprender a detenerse antes de reaccionar es la clave para desarrollar el dominio propio».

Vicki Courtney (Cinco conversaciones que usted debe tener con su hijo)

Vivir dentro de los límites que Dios ha puesto nos hace estar seguros, y sobrepasar esos límites nos pone en riesgo.

Ayuda a los niños a ver que Dios ha establecido límites para la naturaleza:

- La lluvia no dura para siempre, porque todo se inundaría. Tampoco hay sol permanentemente, pues nos quemaría. El día tiene un inicio y un final, y luego viene la noche.

- Algunos animales pueden volar, y otros no. Imaginen a una vaca defecando en el aire como si fuera pájaro. ¡Tendríamos graves problemas de excremento de vaca sobre las casas y los autos!

- El hombre tampoco puede volar. No puede dejar de comer por mucho tiempo. Y no puede permanecer despierto para siempre, porque en algún momento llega el tiempo de dormir para restituir las fuerzas para el día siguiente.

Explícales que los límites son reglas que Dios ha colocado de forma intencional para mantener el orden en todas las cosas.

LOS LÍMITES SON BUENOS PORQUE NOS AYUDAN A DISTINGUIR ENTRE LO BUENO Y LO MALO DE MANERA QUE NADA SE SALGA DE CONTROL

Además de los límites en la naturaleza, Dios ha establecido límites morales, límites en las relaciones interpersonales, límites en los matrimonios, etc. Cada aspecto de la vida ha sido diseñado por Dios para encajar en un espacio en donde todos podamos cumplir nuestro propósito con éxito sin dañar a otros, y siendo de provecho para los demás. Así, podemos diferenciar las cosas que son buenas y nos hacen bien, de las cosas que nos hacen daño o hacen mal a otros.

¡Por eso los límites son buenos! ¡Porque nos ayudan a distinguir entre lo bueno y lo malo de manera que nada se salga de control!

¿Qué sucede cuando el ser humano rebasa los límites de Dios?

- Amistades se pierden.

- Personas se hieren.

- Matrimonios se rompen.

- Familias se dividen.

- Los hombres se hacen malvados.

- Los gobernantes se vuelven malignos y entonces vienen las guerras y los conflictos mundiales.

De hecho, una buena definición de pecado es precisamente esa: sobrepasar los límites.

Tener claros los límites que debemos abrazar como discípulos de Jesús nos da la libertad suficiente para vivir conforme a la voluntad de Dios, sabiendo distinguir entre lo bueno y lo malo, y decidiendo hacer siempre lo bueno.

¿Qué tiene que ver esto con el discipulado?

¡Pues todo!

Si nos llenamos de cosas malas, esto hará que la maldad crezca en nuestro corazón. Si nos llenamos de cosas buenas, Jesucristo crecerá más y más en nuestras vidas cada día.

¡Para eso son los límites! Ellos nos dan una pauta entre lo bueno y lo malo.

Decimos que una casa es propiedad privada porque nadie puede entrar ahí sino solamente los dueños de esa casa. Si alguien entra sin permiso, eso es algo malo.

Nadie puede entrar en una casa que no es suya.

Nadie puede entrar en un país si no tiene el permiso de la policía.

Nadie puede tocar a una persona de forma indebida, pues hay un límite para eso.

¿Y qué pasa cuando alguien sobrepasa los límites?

Si entra a una casa sin permiso, puede ir preso.

Si entra a un país sin autorización, lo perseguirán hasta atraparlo.

Si uno abusa de otro en cualquier manera, tendrá que rendir cuentas ante la ley.

Sobrepasar los límites no es bueno, ¡porque es vivir en la ilegalidad!

📖 ILUMÍNATE CON LA VERDAD

Algunos piensan que la ley de Dios para lo único que sirve es para prohibirnos cosas, y que si no hacemos caso de esa ley seremos más felices. Pero la verdad es que Dios no creó las leyes para poner al ser humano en una prisión, sino que, al contrario, nos ha otorgado la oportunidad de ver a través de sus ojos las consecuencias de hacer tal o cual cosa, y nos ha dado sabiduría para no querer ir más allá de lo que Él permite.

El libro del Génesis nos describe el día en que Dios les dio al ser humano instrucciones para vivir mejor. ¡Vamos a contarles esta historia a los niños! Para ello, deberás tener algunos elementos listos con anticipación:

- Prepara los materiales necesarios para construir con los niños dos árboles.

- Escoge lo que te sea más útil y fácil de conseguir, pero que sea atractivo para los niños. Desde dibujar y pintar los árboles en papel pegado a la pared, hasta construirlos con madera o cartón. ¡Tú decides!

- Puedes construir los árboles del tamaño que quieras, pero ten en cuenta que mientras más grandes sean, mejor. Luego podrían permanecer allí durante un tiempo para adornar el aula.

Si crees que todo esto te va a tomar demasiado tiempo, construye con tu equipo los árboles antes de la reunión, y haz que los niños solo hagan la parte de decorar o pintar.

NOTA: Si estás haciendo una reunión virtual, puedes colocar en la pantalla dos imágenes para representen estos árboles.

Ahora lean juntos:

«Dios el Señor puso al hombre en el jardín del Edén para que lo labrara y lo cuidara, y a la vez le dio esta orden: "Puedes comer del fruto de todos los árboles que hay en el jardín, pero del árbol del conocimiento del bien y del mal no podrás comer, porque el día que comas del fruto de ese árbol, morirás"». **Génesis 2:15–17**

¿Por qué les dio Dios esta orden?

- **Para que fueran libres.** Adán y Eva podían comer del fruto de todos los demás árboles del jardín del Edén. Eso se llama libertad.

- **Para que conocieran los límites de lo que era bueno para ellos.** Solamente de un árbol no podían comer. Eso les indicaba que había un peligro y debían ser obedientes.

¡Si tan solo ellos hubieran seguido la instrucción de Dios, jamás habrían pecado ni hubieran conocido la maldad!

Todo lo que hizo Dios fue advertirles que había instrucciones que los guardarían de la maldad, pero el ser humano no quiso escuchar. Respetar estos límites o no, era su elección voluntaria... y terminaron eligiendo mal.

Lean este otro pasaje y vean lo que Dios le dijo a su pueblo:

«Mira, yo he puesto en este día delante de ti la vida y la muerte; todo depende de tu obediencia o de tu desobediencia. Hoy te he dado el mandamiento de que ames al Señor tu Dios y andes en todos sus caminos, y guardes todas sus leyes, para que puedas vivir y llegar a ser una nación grande. Así, el Señor tu Dios te bendecirá a ti y a la tierra que vas a poseer».
Deuteronomio 30:15–16

¿Qué podemos aprender de este texto bíblico?

- Decidir entre el bien y el mal está en nuestras manos.

- Todo depende de si elegimos obedecer o no a Dios.

- Siempre hay una bendición detrás de ser obedientes a las instrucciones de Dios.

Sin embargo, siempre hay consecuencias tristes para aquellos que eligen ir por un camino de maldad. Lean los versículos que siguen:

«Pero si tu corazón se aparta y no quieres oír, y te dejas arrastrar a la idolatría, declaro en este día que ciertamente perecerás. No tendrás una vida larga y buena en la tierra que entras a poseer». **Deuteronomio 30:17–18**

¿Qué podemos aprender de este pasaje?

- Así como la obediencia trae bendición, la desobediencia trae malas consecuencias.

- La vida se relaciona con la obediencia.

- La muerte se relaciona con la desobediencia.

Ahora sí, ¡manos a la obra!

- Escribe la palabra «OBEDIENCIA» en el árbol de la vida.

- Escribe la palabra «DESOBEDIENCIA» en el árbol del conocimiento del bien y del mal.

- Haz que los niños dibujen frutos buenos en el árbol de la vida, y frutos malos, podridos o con gusanos en el otro árbol.

Cierra esta sección haciendo que los niños identifiquen los dos árboles y escojan uno de ellos. Para esto, diles:

Niños, hoy tienen la misma oportunidad que tuvieron Adán y Eva de elegir entre el bien y el mal. ¿Qué decidirá cada uno?

Por turnos, haz que cada uno se levante y diga en voz alta el motivo por el cual elegiría el árbol de la vida.

Algunas ideas pueden ser:

- Porque no quiero hacer daño a nadie.

- Porque no quiero que mi familia se destruya.

- Porque quiero ver las bendiciones de Dios.

- Porque anhelo lo mejor de Dios para el mundo.

Cada vez que un niño se levante y diga su motivo para elegir el árbol de la vida, deberá dirigirse hasta el lugar donde construyeron el árbol y sentarse junto al mismo. Así lo irán haciendo hasta que estén todos sentados alrededor del árbol de la vida, y luego allí continuará la reunión.

REFLEXIONA SOBRE LA FRASE

Ayuda a los niños a reflexionar sobre la siguiente frase:

No hay nada más sabio que obedecer a Dios.

Una idea para guiarlos es mostrarles la siguiente lista:

Mi grado de obediencia:

- Soy muy obediente a Dios y a su Palabra.

- Soy más o menos obediente a Dios y a su Palabra.

- Soy un poco desobediente a Dios y a su Palabra.

Diles que señalen el lugar donde ellos creen estar.

PREGÚNTALES:

- ¿Les gustaría ser más obedientes a Dios y a su Palabra? ¿Qué creen que podrían hacer para lograr esto?

 MEDITA EN UN PERSONAJE

Recuerda usar estas referencias a distintos personajes teniendo en cuenta a la edad de los niños. Si son demasiado pequeños o si nunca han oído hablar de ellos, esto no tendrá sentido. En todo caso, puedes pasar un video breve con algunas imágenes para que todos conozcan quién es el personaje del que vas a hablar.

FLASH

Barry Allen es un joven común y corriente hasta que la explosión de un acelerador de partículas produce en él la capacidad de ser más veloz que la luz o el sonido. A partir de allí empiezan sus aventuras enfrentando a otros humanos afectados por la misma explosión pero que se han vuelto malignos.

Este personaje tomado de los comics nos ofrece un buen ejemplo de lo que significan los límites. En su lucha contra los metahumanos, Barry Allen hace uso de otra de sus capacidades que es viajar a través del tiempo. Ese no era su plan, pero esos viajes al pasado y al futuro abren portales dimensionales creando toda clase de brechas y disparando situaciones con las que Barry, en su personaje de Flash, tendrá que lidiar.

No es su culpa, ya que sus intenciones siempre fueron buenas, pero en su camino tomó decisiones que empeoraron todo. Por eso el ser humano no tiene la capacidad de ir tan rápido ni de moverse en el tiempo. ¡Esos son límites que puso Dios, y son buenos!

PREGUNTAS PARA LOS DISCÍPULOS:

- ¿Te gustaría tener un poder sobrenatural? ¿Cuál?

- ¿Se te ocurre cómo esto podría afectar al mundo en lugar de ayudar?

- ¿En qué sentido serviría este ejemplo para demostrar que sobrepasar los límites nunca es bueno?

DAVID

La historia de David es una de las más famosas y conocidas de todos los tiempos. La Biblia se ha encargado de describir sus momentos más gloriosos y los más oscuros también. Pero, ¿qué cosas podemos aprender de David en cuanto a la obediencia y los límites?

Cuando eligió ser obediente:

- David logró vencer al gigante Goliat.

- David respetó a sus autoridades. Cuando Saúl perseguía a David porque estaba celoso de él, David tuvo oportunidades de detenerlo, e incluso de matarlo, pero no lo hizo por cuanto Saúl era el rey.

Cuando eligió ser desobediente:

- David se enamoró de Betsabé, que era esposa de otro hombre. Por esa debilidad, David mintió, pecó, se volvió orgulloso y ciego, y hasta terminó mandando a matar al esposo de Betsabé para quedarse con ella.

PREGUNTAS PARA LOS DISCÍPULOS:

- ¿Si supieras que las consecuencias de una acción serán muy malas, aun así la harías?

- ¿Crees que es conveniente respetar los límites establecidos por Dios? ¿Por qué sí, o por qué no?

- ¿Cómo podemos ayudarnos los unos a los otros a confiar en estos límites y a no romperlos?

ACCIONES CONCRETAS

Aquel que quiere ser un buen discípulo de Jesús debe aprender a tomar buenas decisiones.

La tarea para esta semana será escribir en la BITÁCORA DEL DISCÍPULO una lista de buenas decisiones que cada uno debería tomar para ser más obediente a Dios y así alejarse de la maldad. Los encargados de elegir las cosas que pondrán en esa lista son los discípulos en conjunto con sus padres. No tienen que ser todas las listas iguales. Lo importante es que cada niño pueda pensar en algunas cosas (como mínimo 2 o 3) que le hagan crecer en su obediencia a Dios, y que puedan luego rendir cuentas a sus padres de eso. Tener que rendirle cuentas a alguien siempre es de ayuda para nuestro crecimiento espiritual.

Recuerda hablar con los padres para que estén al tanto del tema que estás trabajando y tengan conversaciones productivas con los niños durante la semana acerca de estos acuerdos y compromisos de obediencia.

Antes de terminar la reunión, recuerda darles un momento para que copien en sus bitácoras la frase de la semana:

No hay nada más sabio que obedecer a Dios.

Este es un momento perfecto para orar por cada niño y niña por nombre. Aunque lleve un rato. Las oraciones no tienen por qué ser largas pero si es importante mencionar a cada uno. SI son demasiados divídelos y que distintos miembros de tu equipo te ayuden a hacerlo. Estas oraciones deben mencionar los nombres y puedes agregar un adjetivo positivo a cada uno mejor. Ora de antemano por esta oración y prepárala con cuidado. Gracias por llegar hasta aquí.

NOTA: Puedes convocar a las familias de los niños y niñas de tu grupo para que vengan a la siguiente reunión y tener una pequeña «ceremonia de graduación». Haz que cada discípulo venga con sus padres y traigan bocaditos para compartir entre todos. Eso les dejará un bonito recuerdo y de seguro querrán entrar en un nuevo proceso de discipulado cuanto antes. Puedes darles un divertido Diploma o certificado de Discípulos.

BIBLIOGRAFÍA

- Brown Rich/Shannon Elisa. *Trabajemos en familia.* Editorial E625. Dallas, Texas, 2019.

- *Biblioteca práctica para padres y educadores. Pedagogía y Psicología Infantil.* Editorial Cultural S.A. Madrid, España. 1997.

- Courtney, Vicki. *5 conversaciones que usted debe tener con su hijo.* Editorial Patmos. Miami, Florida. 2013.

- Hart Archivald/Hart Sylvia. *La invasión digital.* Editorial Mundo Hispano. El Paso, Texas. 2014.

- Joiner Reggie/Leys, Lucas. *Los padres que tus hijos necesitan.* Editorial E625. Dallas, Texas. 2017.

- López Luis/López Sandy. *Investigaciones Bíblicas del Antiguo Testamento.* Editorial E625. Dallas, Texas. 2018.

- McDowell, Josh/Johnson, Kevin. *Los niños demandan un veredicto.* Editorial Mundo Hispano. El Paso, Texas. 2005.

- McDowell, Josh. *La generación desconectada.* Editorial Mundo Hispano. El Paso, Texas. 2003.

- Obando, Esteban/Ibarbalz, Jessica/Gómez, Willy. *Manual de Consejería para el trabajo con niños.* Editorial E625. Dallas, Texas. 2018.

- Sampedro, Alex. *Artesano.* Editorial E625. Dallas, Texas. 2018.

ALGUNAS PREGUNTAS QUE DEBES RESPONDER:

¿QUIÉN ESTÁ DETRÁS DE ESTE LIBRO?

Especialidades 625 es un equipo de pastores y siervos de distintos países, distintas denominaciones, distintos tamaños y estilos de iglesia que amamos a Cristo y a las nuevas generaciones.

¿DE QUÉ SE TRATA E625.COM?

Nuestra pasión es ayudar a las familias y a las iglesias en Iberoamérica a encontrar buenos materiales y recursos para el discipulado de las nuevas generaciones y por eso nuestra página web sirve a padres, pastores, maestros y líderes en general los 365 días del año a través de **www.e625.com** con recursos gratis.

¿QUÉ ES EL SERVICIO PREMIUM?

Además de reflexiones y materiales cortos gratis, tenemos un servicio de lecciones, series, investigaciones, libros online y recursos audiovisuales para facilitar tu tarea. Tu iglesia puede acceder con una suscripción mensual a este servicio por congregación que les permite a todos los líderes de una iglesia local, descargar materiales para compartir en equipo y hacer las copias necesarias que encuentren pertinentes para las distintas actividades de la congregación o sus familias.

¿PUEDO EQUIPARME CON USTEDES?

Sería un privilegio ayudarte y con ese objetivo existen nuestros eventos y nuestras posibilidades de educación formal. Visita **www.e625.com/Eventos** para enterarte de nuestros seminarios y convocatorias e ingresa a **www.institutoE625.com** para conocer los cursos online que ofrece el Instituto E 6.25

¿QUIERES ACTUALIZACIÓN CONTINUA?

Regístrate ya mismo a los updates de **e625.com** según sea tu arena de trabajo: Niños- Preadolescentes- Adolescentes- Jóvenes.

¡APRENDAMOS JUNTOS!

e625.com   /e625COM

Suscripción de **materiales premium** para iglesias

Recursos gratis

Tienda con envíos internacionales

Chat en tiempo real

Revista Líder 6.25

FAMILIAS SANAS + IGLESIAS FUERTES

Educación online www.institutoe625.com

Libros Online

Seminarios para iglesias locales

Eventos de **actualización** ministerial